A Conexão Interior

ERNESTO ALVAREZ

A Conexão Interior

EDITORA Labrador

Copyright © 2021 de Ernesto Alvarez
Todos os direitos desta edição reservados à Editora Labrador.

Coordenação editorial
Pamela Oliveira

Preparação de texto
Maurício Katayama

Assistência editorial
Larissa Robbi Ribeiro

Revisão
Marília Courbassier Paris

Projeto gráfico, diagramação e capa
Amanda Chagas

Imagem de capa
Alessandro Erbetta (Unsplash)
Biletskiy Evgeniy (Istock)

Dados Internacionais de Catalogação na Publicação (CIP)
Jéssica de Oliveira Molinari - CRB-8/9852

Alvarez, Ernesto
   A conexão interior / Ernesto Alvarez. — São Paulo : Labrador, 2021.
   176 p.

ISBN 978-65-5625-175-2

1. Mensagens 2. Citações e máximas I. Título

21-3469   CDD 158.1

Índice para catálogo sistemático:
1. Mensagens motivacionais

EDITORA
Labrador

Editora Labrador
Diretor editorial: Daniel Pinsky
Rua Dr. José Elias, 520 — Alto da Lapa
05083-030 — São Paulo — SP
+55 (11) 3641-7446
contato@editoralabrador.com.br
www.editoralabrador.com.br
facebook.com/editoralabrador
instagram.com/editoralabrador

A reprodução de qualquer parte desta obra é ilegal e configura uma apropriação indevida dos direitos intelectuais e patrimoniais do autor.
A editora não é responsável pelo conteúdo deste livro. O autor conhece os fatos narrados, pelos quais é responsável, assim como se responsabiliza pelos juízos emitidos.

Dedicatória

A Deus: eu tenho certeza absoluta de que este projeto vai longe, muito mais do que posso imaginar. Ele não é meu, ele emana de Ti, ele tem as marcas e o selo da Tua mão divina. Obrigado pela *conexão interior* intensa que dia a dia emerge de dentro mim, da qual eu acredito que emana o conteúdo total deste livro.

Agradeço porque minha vida está cheia de impossíveis que agora são realidades concretas. Não acredito mais em coisas que não podem ser atingidas pela força que emana da alma. A cada dia que o sol aparece meu espírito se transforma em uma águia que voa alto, forte e firme, acima das montanhas e do pântano onde esteve presa e ferida, e voa sem medo em direção às maiores conquistas que os homens mais corajosos podem alcançar: as conquistas da alma.

Ao empresário Elton Luís de Sousa Silva: meu grande amigo, obrigado por apoiar 100% este projeto. Eu tenho certeza de que nossa amizade é de longa data, muito além do que pensamos ou imaginamos. A conexão de nossas almas é impressionante; nada é por acaso e tudo tem uma ordem cronológica e um propósito na sucessão das coisas. Gratidão infinita por escutar e ser sensível ao chamado da minha alma. Obrigado também pela tua humanidade para com os outros, por levar consolo a muitas pessoas: ajudar o próximo é mais importante que os ensinamentos religiosos de todos os tempos. A forma mais pura e perfeita de amar a Deus é amar o próximo.

À Edvânia Morais: obrigado pelos beijos indeléveis e pelas carícias que deixam marcas de amor. É difícil escrever aquilo que não tem alfabeto e as coisas que não têm palavras e que estão além dos significados. Obrigado pela luz que iluminou minha existência, pelo carinho que ultrapassou os limites do corpo e atingiu os fios da alma. Sei que o sentimento ficará e viverá junto a ti, ultrapassando a distância, e sobreviverá ao tempo enquanto seja lembrado. O fio que une nossas vidas vai além das barreiras e não será nunca rompido. Obrigado pelo amor que teu olhar derramou todos os dias sobre minha vida. Obrigado pelo encontro das nossas almas e pela caminhada que um dia fizemos pelo destino. Sei que nossa história sobrepassará os limites desta vida. Gratidão absoluta.

Aos meus amores Penelope, Golias, Garfield e Pitoco: vocês adicionam significado e conteúdo à minha existência e marcam de amor minha vida todos os dias. Onde eu estiver vocês também estarão e caminharão comigo em nosso destino. Vocês me ensinaram que talvez o amor não seja exclusivo dos humanos. Sua companhia é simplesmente mágica e perfeita; a chegada em casa é sempre uma festa de alegria, como um encontro após anos de separação, e a saída de casa é sempre carregada de tristeza. Não sei se aquilo que vocês sentem por mim é amor, mas é muito próximo, já que é perfeito, e sei que não será possível a retribuição.

Gostaria de mudar as leis da existência, parar o tempo e manter vocês junto a mim a vida inteira, mas sei que em algum momento vocês terão de encarar as leis da vida e da evolução. No entanto, eu estarei lá, junto a vocês nesse momento, para acompanhá-los e me despedir antes de sua viagem sem retorno, do mesmo modo que eu estive lá recebendo-os nas minhas mãos quando vocês chegaram ao mundo. Quanto a mim, jamais poderei dizer que me acostumarei à sua falta; o lugar de vocês sempre será um vazio, mas viverão dentro de mim e espero que, entre os mistérios da vida, exista aquele em que, após esta existência, seja possível nosso reencontro. Quando eu olhar para trás e ver as pegadas do meu caminhar pelo destino, sei que também estarão marcadas as suas pegadas de quatro patas junto às minhas.

Ao Brasil: obrigado por me escolher e acolher como um dos teus filhos. Desde longe escutei teu chamado e sem medo a ti eu vim. É agora, com o passar do tempo, que eu entendo que o destino me chamou com tua voz.

Obrigado pelas cores e olhares, pelas vozes e sotaques, pelos sons e barulhos, pelos sabores e gostos, pelas alegrias e tristezas profundas, pelos triunfos e fracassos, pelas lições e aprendizados, pela solidão e companhia, pelas lágrimas e sorrisos e pela riqueza de sentimentos e emoções que nasceram e morreram aqui. Obrigado por me permitir pisar e marcar tua terra bendita com meus pés descalços e sentir tua sublime essência, me deixar escutar o batimento da tua alma, por permitir me alimentar de teus frutos e pela magia que teus dias ensolarados e noites estreladas escondem.

Agora meu destino já está marcado e amarrado a ti. Obrigado por enfeitar e adicionar o verde e amarelo à minha história de vida. Tua lembrança não será corroída pelo tempo nem pela distância; gravado ficará teu nome e rosto na minha alma. Onde eu estiver, com orgulho honrarei teu nome. Gratidão, Brasil!

Reverências especiais a:

Gloria Turcios, Santos Elias Cornejo, Morena Iris Molina Monterroza, Lorena Alvarez Chinchilla, Fabio Fermin Castañeda, Roxana Marroquin, Jatzel Carolina Rivas Meza, Benjamín Moreno Landaverde, Luis Jerez, Miriam Samaria Martinez Bolaños, Fatima Soto, Carminha Quezada, Andrés Mella Molina, Eliane Morais, Selma Maria de Araújo, Maria Auxiliadora Campos, Detinha Tabosa, Mirely Tabosa, Marilda Tabosa, Júlio Rêgo.

Apresentação

Desde a infância surgiram-me pensamentos de contribuição à humanidade, ideias ingênuas de fazer o mundo melhor, e eles eram acompanhados de comportamentos diferenciados em uma criança: quando observei pela primeira vez, pelas imagens da televisão, o poder destrutivo das bombas atômicas, foi totalmente aterrador e chocante para minha mente, e comecei a falar para as pessoas que, quando crescesse, eu me transformaria em um adulto "poderoso" para destruir essas bombas (que na minha mente pueril eram muito poucas) e, assim, evitar que fizessem mal para as pessoas.

Lembro-me de ser um menino que fazia muitas perguntas, e os adultos quase nunca tinham as respostas. Muitas vezes fui ridicularizado por perguntar e, por isso, eu procurava minhas próprias respostas: lia jornais, assistia a notícias e documentários na TV e pesquisava muito sobre ciência e tecnologia. Nessa busca, cheguei a ficar extremadamente fascinado com os modos de vida nos países desenvolvidos.

Quando estava em companhia de adultos, escutava suas conversas e entendia perfeitamente as coisas que eles tentavam ocultar de mim e pensavam que eu não entendia, já que eu sempre me fazia de desentendido.

Ainda na puberdade emergiu um profundo sentimento de transformação e crescimento pessoal e verdadeiras sede e fome de conhecimento que foram aumentando ao longo dos anos. Ao mesmo tempo, o desejo de ajudar e contribuir com algo produtivo para a humanidade foi ficando cada vez mais forte, e fui sentindo também um verdadeiro amor pela natureza e pelos animais.

Nessa etapa, escrevi um livro de poemas chamado *Meu coração exposto* (ainda não publicado), que refletia as etapas da minha vida sentimental manifestada em poemas de amor e romantismo.

Posteriormente ao livro de poemas, de maneira repentina, começaram a surgir pensamentos, inspirações e motivações para escrever frases. Elas eram muito diferentes dos poemas do livro anterior, não só pelo conteúdo, é claro, mas também porque os poemas eram elaborados, pensados, alguns até por vários dias, sendo desmanchados e refeitos.

As frases chegavam à minha mente em lugares e situações muito variados, como: dirigindo, caminhando pela rua, acordando repentinamente de madrugada ou no amanhecer, no meio de uma palestra, na sala de aula ou em uma conversa, e também em momentos de silêncio e da quietude, detonando na minha mente, aparecendo de modo inusitado. As frases tinham de ser escritas de imediato, já que, depois de um breve lapso de tempo, elas fugiam da minha mente por completo. Grande parte delas não foi registrada porque no instante em que surgiam não havia condições, por diversas circunstâncias, de escrevê-las.

Eu não tenho certeza sobre a origem deste livro: talvez seja uma emanação dos conteúdos psíquicos da minha consciência que, diante de situações vividas no dia a dia, tentam explicar os fatos da vida social e da dinâmica humana, ou talvez seja realmente uma conexão do meu mundo interior com uma realidade etérea de onde emanam todos os ensinamentos deste livro.

Acredito que o manancial que surge da minha consciência para escrever as frases contidas neste livro continuará ao longo da minha vida e espero, em algum momento, levar estas mensagem para o espanhol e outras línguas mundo afora. O livro foi inspirado e escrito inicialmente em espanhol, mas o maravilhoso destino trouxe a grande oportunidade de publicar pela primeira vez em língua portuguesa e no Brasil, o que considero um grande privilégio.

Meu grande desejo e propósito com esta obra é colocar à disposição do leitor a essência transformadora escondida em cada mensagem. Ele mostra a necessidade imperiosa de derrubar os paradigmas mentais que já não correspondem à nossa etapa e realidade evolutiva.

Se alguma das frases conseguir se conectar com a alma, a consciência, o pensamento ou o sentimento do leitor, e essa conexão puder ser um gatilho para uma transformação ou reflexão da própria vida, então estarei satisfeito, pois o propósito do livro terá sido alcançado.

Prólogo

O presente livro, palavra a palavra, é total e inteiramente original do autor. Não foram copiados ideias ou textos de outros autores para serem reinterpretados ou readaptados; mas alguns ensinamentos são universais e podem ter algum tipo de aproximação, como eu tenho percebido algumas vezes. Os ensinamentos contidos nestas páginas foram acumulados zelosamente por décadas. O leitor que possui ou não alguma crença se sentirá à vontade para refletir sobre vários aspectos da dinâmica da vida, levando uma mensagem cheia de positivismo, amor e reflexão.

A conexão interior, na sua essência, recolhe reflexões em forma de frases que abraçam áreas morais, espirituais, da física quântica, da lei de atração, da mente subconsciente, da lei de causa e efeito, da dinâmica social e familiar, da motivação, do poder do pensamento e das emoções; aborda de maneira insistente a grande capacidade que possuímos de reformar a nós próprios e transformar vidas em nosso entorno; recalca constantemente a ação das realizações pessoais ou profissionais. Cada frase representa uma luz que ilumina nosso destino e faz um forte chamado para o amor ao próximo como uma das máximas prioridades humanas, entre muitos outros aspectos da vida.

So**nhe**
primeiro
e depois
torn**e** o
son**ho**
r**e**alida**de.**

Do chiqueiro mais nojento, às vezes nascem diamantes que iluminam e transformam o mundo.

•

Eu imagino que no futuro minha poesia será lida por muitos, sabendo ainda que imagino muito pouco.

•

O que as pessoas dizem nada mais é do que sua própria interpretação das coisas e não representa necessariamente a realidade.

•

O que antes eu considerava uma montanha à minha frente agora é uma pedra sob meus sapatos.

•

Se você for justo, deixe-os rirem e zombarem hoje, porque amanhã eles vão sofrer e lamentar o mal que fizeram a você.

•

As intenções do coração florescem no rosto.

•

Em algumas pessoas, o sofrimento transforma seus corações e almas em ouro polido; em outras, em carvão enegrecido.

•

Não acredite em tudo o que eles te dizem, inclusive a respeito dos outros. Seja sábio e julgue seus próprios juízos com sabedoria, tire suas próprias conclusões, assim você terá um conhecimento mais exato da realidade e entenderá cada vez mais como funciona a ordem das coisas.

•

Não se contamine com o pensamento alheio; forme seus próprios julgamentos e opiniões e terá diante de si uma realidade mais clara das coisas.

•

O FUTURO QUE VEJO À MINHA FRENTE É BRILHANTE, PORQUE O PASSADO ATRÁS DELE ESTÁ COBERTO DE SONHOS.

•

O ser humano que nunca experimentou o amor, o triunfo, a ilusão, a esperança, o riso e a alegria é uma casca vazia.

•

Você é o que pensa, sentirá o que pensa e agirá como pensa e sente.

•

Se você é puro, não defenda o que você é; mais cedo ou mais tarde a bondade que há em você será conhecida.

•

O que mais temo na vida não são os desafios do mundo material, mas os meus próprios: falhar, ser covarde e me entregar ao fracasso. Quando eu for derrotado, posso enfrentar o mundo e vencê-lo.

•

A vida ganha sentido quando há harmonia entre o que é pensado, sentido, dito e refletido no comportamento.

•

A luz no final da estrada é mais forte onde antes havia mais escuridão.

•

Nunca deixe a ilusão e os sonhos morrerem em você; eles são o motor que move as ações em direção ao que você deseja na vida.

•

As pessoas que desejam ter sucesso na vida o terão, independentemente da circunstância e dos obstáculos de sua realidade material; a força que move seus desejos e os carrega para dentro é mais vigorosa do que qualquer energia conhecida.

•

Se você sofre, sofra com um propósito; se você se esforça, se esforce com um propósito; e, se você vive, viva com um propósito.

•

Para que as lágrimas não sejam derramadas em vão, deixe-as caírem no chão e germinarem as sementes dos seus desejos.

•

Ocupe-se em cultivar e cuidar do jardim de sua mente; coloque os pensamentos mais sublimes que você possa imaginar, e eles irão germinar em ações nobres e bondade para com você e os outros. Faça isso e viverá em harmonia e plenitude, e, no fim de seus dias, seus olhos se fecharão em paz.

•

A ignorância de muitos polui o mundo, mas as mentes brilhantes e evoluídas equilibram-no e fazem-no funcionar.

•

Não seja amargo, não se vingue, não se polua; deixe a inveja fluir em seus inimigos, ela cuidará de consumir as almas daqueles que desejam destruí-lo.

•

A maior aventura da exploração é em direção ao infinito profundo de nossa natureza humana.

•

A mente é enganosa e sutil; podemos viver enganados por ela durante toda a nossa vida e morrer sem perceber que estávamos errados sobre nós mesmos e sobre os outros.

•

A mente humana é o maior enigma do homem.

•

As diferenças entre um homem e uma mulher não se encontram apenas nos órgãos reprodutivos, mas também na mente, nas emoções, nos sentimentos e na concepção do mundo. Ao mesmo tempo, essas diferenças são nossa maior virtude, pois é delas que surge uma poderosa força de simbiose e complementaridade mágica e maravilhosa, e não há nada em nosso mundo que seja tão perfeito.

•

Devemos fazer da felicidade o estado natural do homem, mas é impossível ser feliz se não aprendermos a amar primeiro.

•

Quando o homem tem suas necessidades satisfeitas, ele inventa outras.

•

A alma está certamente escondida no fundo de nossa consciência.

•

Tudo o que nos embaraça em público desfrutamos na privacidade.

•

Se o destino de cada um de nós está escrito, certamente ele nos dará uma borracha e um lápis para reescrevê-lo.

•

SE VOCÊ RESPEITA, AMA E VALORIZA A SI MESMO, OS OUTROS FARÃO A MESMA COISA. É UM PRINCÍPIO INFALÍVEL DE CAUSA E EFEITO SOBRE VOCÊ MESMO.

•

O sábio: ouça primeiro e julgue depois.

•

O riso é a linguagem da felicidade.

•

Não tenha medo de sonhar, o mundo e as coisas que nele existem foram engendrados nos sonhos de quem não teve medo de torná-los realidade. Quando você derrota o medo, o mundo é seu.

•

Não acredito que haja paz e felicidade genuínas no coração dos homens que praticam o mal, mesmo que vivam em palácios de ouro.

•

Sempre haverá mil mentes retrógradas atrás de você, tentando roubar e destruir seus anseios de grandeza e triunfo. Não se surpreenda, isso também faz parte do desafio a ser vencido.

•

O medo do desconhecido é o maior freio dos nossos anseios.

•

Por trás de muitas mentes brilhantes de sucesso material e profissional, existe uma vida vazia e solitária.

•

Gostaria de derrubar todas as fronteiras que dividem o homem, criar um país onde todos sejamos prósperos e felizes; gostaria de criar o país dos seres humanos.

•

Os maiores valores de uma cultura: sua língua, suas tradições e suas crenças.

•

O presente mais maravilhoso da existência e da vida: minha consciência, a consciência de que EU SOU.

•

Os desafios são vencidos antes de serem enfrentados, derrotando sentimentos de medo, superando pensamentos de dúvida, fracasso ou derrota.

•

Espere e pense, espere e pense, espere e pense, e você verá que o resultado será diferente; seja sábio antes de julgar e agir.

•

Se você rir de manhã, rir ao meio-dia e rir antes de dormir, você terá uma vida longa.

•

Eu gostaria que pudéssemos rir mais e trabalhar menos; teríamos um mundo mais primitivo, porém mais feliz.

•

Eu gostaria que fôssemos viciados em riso ou alegria; sem dúvida teríamos um mundo muito engraçado.

•

A mente má está corrompida, e o mal que emana dela está no fundo de sua consciência – é um selo indelével em sua alma.

•

O subdesenvolvimento dos povos não se encontra nas suas condições materiais, reside numa mente e consciência subdesenvolvidas; as condições materiais desfavoráveis são apenas consequência e reflexo da sua consciência.

•

A gota contínua do mal no pensamento com o tempo penetra na consciência e corrompe a alma.

•

A maioria das coisas na vida quase sempre tem mil oportunidades, mas a própria vida é uma oportunidade única e insubstituível, e você não pode perdê-la.

•

Naquele que tem fome e frio, o ouvido é facilmente seduzido pelo sussurro do mal.

•

Aproveite as maravilhas que você pode fazer com sua mente, ela o liberta ou o aprisiona.

•

As memórias do passado devoram a vida presente de muitas pessoas; elas aparecem como fantasmas que assustam constantemente a alma.

•

A linguagem dos lábios não é capaz de transmitir a totalidade das emoções e sentimentos.

•

O coração mais puro pertence a uma criança.

•

A justiça não é justa se o mal é protegido e o nobre é abandonado; somente na mente retrógrada há ajuda para quem faz o mal e abandono para quem faz o bem.

•

Mostre-me sua vida e direi como você é sábio.

•

A ignorância acorrenta o homem a um estado inferior de consciência, e somente o conhecimento quebra as correntes da ignorância e dá sabedoria aos homens.

•

No caminho dos sentimentos e emoções em direção à linguagem, a maior parte do significado se perde.

•

O amor é sem dúvida o maior sentimento, o sentimento de rei, aquele que o conquista, que tem absolutamente tudo nesta existência.

•

MESMO A MAIOR IMAGINAÇÃO É CURTA PARA ENTENDER A GRANDEZA E A IMENSIDÃO DO UNIVERSO.

•

Sonhe tanto quanto sua imaginação permitir, e sua mente que se conecta com o mundo das coisas tornará isso possível.

•

O tempo vem antes, muito mais cedo do que você pensa e espera; quando você é jovem, acha que vai demorar muito para chegar a uma idade avançada e, quando fica velho, pensa em como o tempo passou rápido.

•

Melhor um ditador que pune os maus e protege os inocentes do que um estado de direito que abandona os inocentes e superprotege os maus.

•

"A justiça" tem manchadas as mãos com sangue inocente.

•

O maior paradoxo da chamada justiça de hoje é que ela é injusta com os inocentes e justa com quem faz o mal.

•

Nossa consciência humana é o símbolo mais elevado de nossa evolução como espécie; é um presente que a existência deu ao ser humano.

•

A maioria dos seres humanos está ocupada demais com seus negócios para perceber que é apenas um ponto minúsculo em um universo vasto e infinito.

•

Quando atuarmos com a pureza e a inocência de uma criança e com a sabedoria dos sábios, sem dúvida teremos um mundo muito civilizado e feliz.

•

Um povo que é ignorante está a caminho da sua própria destruição, sem saber.

•

O primeiro passo para o desenvolvimento de uma cidade está na mudança de consciência e atitude.

•

Não tenho dúvidas de que, diante da imensidão de um Universo infinito, em algum lugar dele, há uma infinidade de civilizações e formas de vida com diferentes níveis de evolução.

•

As condições materiais de vida e as relações sociais do homem são um reflexo muito preciso da sua consciência e de como ele concebe o mundo que o rodeia.

•

Uma consciência coletiva desenvolvida permite um alto padrão de vida e desenvolvimento humano.

•

Mesmo o homem mais feliz e bem-sucedido do mundo enfrentará fracasso, decepção, desesperança, tristeza, solidão, desgosto e dor em algum momento de sua existência, como uma prova inescapável de sua presença neste mundo.

•

A lógica e os números nem sempre fornecem as respostas às coisas. A intuição costuma ser mais exata do que a lógica e a matemática.

•

A ignorância e a pobreza são os piores jugos de um povo, filhas de uma consciência subdesenvolvida.

•

Não se engane: tudo que você faz com atitudes e comportamentos fala melhor do que tudo que você diz com palavras.

•

A consciência individual de cada ser humano, o núcleo de sua essência, muitas vezes é desenhada em seu rosto.

•

Feche os olhos, examine sua mente e você encontrará a resposta.

•

O homem construiu aldeias, caminhou por vales, desertos e montanhas, achou territórios, navegou por mares e conquistou continentes, e sem dúvida um dia ele voará e conquistará outros mundos, alcançando o desconhecido – isso é inerente à nossa natureza; essa força invencível reside em nossa essência, no núcleo da nossa alma.

•

Talvez a consciência sobreviva à morte e transcenda o tempo e o espaço.

•

Olhe para o rosto dela,
veja profundamente o seu
olhar e você conhecerá
os segredos que estão
dentro do seu coração.

•

A pobreza é um sintoma
de ignorância.

•

O que nós, humanos, mais
precisamos é de uma
mudança de consciência
e atitude; o resto será
apenas consequência.

•

OS SONHOS SÃO EM PRETO E BRANCO, GANHAM COR QUANDO OS TORNAMOS REALIDADE.

•

Nem tudo o que existe
pode ser visto ou sentido.

•

A alegria embeleza a alma
e dá sentido a tudo o que
os homens fazem na vida.

•

Eu ainda vou viver se
alguém mencionar meu
nome e ler meus escritos.

•

Se você quer poder,
preencha sua mente
com conhecimento.

•

O mal é um câncer que corrói
a própria alma dos ímpios.

•

Talvez a coisa mais difícil
que já fizemos na vida:
nascer. O resto é o mínimo.

•

A noite é curta e o dia é
longo para o coração aflito.

•

O maior triunfo da existência humana individual é viver uma vida com significado e propósito.

•

Vá, reconcilie-se com o seu passado e você será amigo do seu presente. Só então você poderá entrar no futuro livre de laços e em paz.

•

Infinito e eternidade são conceitos muito grandes e incompreensíveis para a mente humana.

•

Se o ser humano desse um pouco mais do que recebe, no final, receberia mais do que dá.

•

A mente é tão grande e vasta quanto o infinito.

•

No sorriso de uma criança está desenhada a pureza da sua alma.

•

O que faz o homem feliz é conseguir o que deseja, seja pouco ou muito.

•

A maior solidão é aquela que se encontra dentro das pessoas.

•

O grau de expectativa na vida é determinado pela quantidade de massa cinzenta que existe na cavidade cerebral.

•

A solidão pode ser sentida mesmo quando cercada por milhares de pessoas.

Todos os dias navegamos em um mar de emoções, sentimentos, pensamentos e percepções.

•

Em um bom livro, você encontrará um amigo, um professor, um confidente, uma companhia agradável, um conselheiro disponível sempre que você abrir suas páginas.

•

Isolamento e ser ignorado são enormes torturas psíquicas.

•

O que há de maravilhoso nos seres humanos está na multiplicidade de sua natureza e em suas variadas respostas e interpretações aos desafios de seu ambiente.

•

A vida é bela só para quem tem a capacidade de perceber.

•

Se conheço suas palavras, seus pensamentos, sentimentos e comportamento, conheço sua alma.

•

A sabedoria de um homem é difícil de esconder; ela emana para fora em tudo o que ele faz e diz.

•

Se nossa percepção da realidade fosse mais precisa, a existência e as relações sociais teriam menos dificuldades e conflitos.

•

Fale um pouco e direi se você é bobo ou sábio.

•

Sucessos na vida, em muitas ocasiões, usam como base os escombros dos fracassos.

•

A história não é apenas o passado; a história também é o que somos agora.

•

NÃO SE COMPLIQUE E OUÇA O QUE DIZEM OS ENSINAMENTOS ANTIGOS; O QUE VOCÊ SEMEIA VOCÊ COLHE.

•

A desvalorização de qualquer característica de uma pessoa é a maior ofensa à dignidade humana.

•

Os medos medem a coragem.

•

A aversão aos defeitos dos outros é uma projeção própria.

•

Como as pequenas coisas dão vida, elas também têm um grande significado para o coração.

•

Se você não recebe amor do mundo, receba-o de si mesmo.

•

Definitivamente, o aspecto corporal de uma mulher é belo e sublime, mas menos funcional no mundo material.

•

Que as diferenças entre o homem e a mulher nos complementem, nos somem e nos multipliquem, não nos subtraiam ou dividam.

•

Muitos dos conflitos entre seres humanos surgem da falta de respeito mútuo.

•

Os objetivos da vida são determinados pelo grau de expectativas, e estas dependem do grau de desenvolvimento mental da pessoa.

•

Eu não descarto nada neste mundo; pela razão, coisas ridículas podem ser possíveis.

•

Nem tudo o que existe pode ser percebido pelos sentidos.

•

Talvez o ser humano e tudo o que existe sejam um vestígio de que Deus passou por aqui.

•

Nós, os seres humanos, não temos uma representação exata da realidade em nossas mentes.

•

Quando você duvida ao tomar uma decisão: faça-o, se for bom para você e para os outros.

•

Ouse ver além do que está diante do seu nariz. Veja além das coisas que são evidentes e você se poupará de muito sofrimento.

•

Não há nada na natureza ou no reino animal que seja mais complicado do que o comportamento humano.

•

Um problema leva a outro e este, por sua vez, a uma multidão deles e, em um efeito multiplicador, geramos uma catástrofe.

•

A consciência nos tornou humanos.

•

Fracasso: o que é isso? Sucesso, sim, eu conheço!

•

Não falemos bobagens, homem e mulher, e caminhemos juntos em paz e harmonia rumo ao futuro. Os dois gêneros estão destinados a coexistir, não há nada na natureza que seja tão complementar em uma simbiose perfeita; se um gênero falha, por inércia o outro também.

•

Nossa mente, a maior fábrica de ideias, sonhos e ilusões.

•

Na batalha pelo domínio das emoções e sentimentos, seres humanos caem em combate.

•

Todas as ações individuais, não importa quão pequenas elas sejam, têm um efeito de ressonância sobre os outros, e todas as ações coletivas têm um efeito de ressonância sobre as ações individuais.

•

Tudo o que somos agora é o produto de tudo o que fomos no passado, e tudo o que seremos no futuro será o produto de quem somos agora. É uma magia de sincronicidade de causa e efeito e de uma relação dialética perfeita. Quando você sabe isso, percebe a importância do seu momento presente.

•

O amor é indescritível, indecifrável, puro e sublime, o amor é maior do que tudo, o amor é tudo na vida.

•

As mulheres exigem igualdade de direitos e desigualdade de responsabilidades e obrigações.

•

Não fale dos outros, porque certamente uma abundância de defeitos está atrás e à frente de você.

•

A beleza é o produto da subjetividade da mente.

•

Se você não for famoso, rico ou influente, mesmo que grite, ninguém vai ouvir você.

•

Quando as coisas dão errado, encontrar um culpado é a melhor opção antes de aceitar responsabilidades.

•

Se você conhece e sabe interpretar os fatos do seu passado e do seu presente, poderá ter noções norteadoras do seu futuro.

•

Se você vive sem propósito, sua existência não tem sentido; é vazia e oca. Procure o propósito de sua essência dentro de você, dentro de sua consciência.

•

As coisas têm valor não por causa de seu valor intrínseco, mas por causa de sua valorização psíquica.

•

Cada pessoa é importante e parte de uma engrenagem que faz nosso mundo funcionar. Descubra o seu lugar de direito na engrenagem da humanidade e sua existência terá uma sensação de pertencimento.

•

Não importa quais condições você tenha, ou onde você esteja, sonhos e desejos não conhecem limites de fronteiras e circunstâncias.

•

Quase tudo que sonhamos, e o que agora nos parece impossível, o futuro tornará possível e real.

•

Limpe sua mente e você purificará sua alma.

•

Largue o que já se foi, não se apegue ao que não existe mais, senão a sua vida será em vão com o que se foi.

•

O amor não é passivo, é dinâmico: é sentido, vivido e expresso, senão morre.

•

A felicidade e a infelicidade dependem em grande parte do bem-estar material, mas principalmente da atitude pessoal de gratidão pela vida.

•

Quando você aprende com cada experiência da vida, boa ou má, você está no caminho certo para se tornar sábio.

•

Se sua luta é na guerra de ideias, eu os acompanho.

•

Cuide para deixar uma marca profunda de amor na alma de cada ser humano que cruzar seu caminho; faça-a tão profunda que o tempo e a distância não possam desaparecer.

•

A vida é cheia de significados e interpretações; acrescente um a cada dia a tudo o que você faz. Talvez assim encontre o sentido de sua própria existência.

•

Todas as coisas, de algum modo e em certa medida, estão interligadas.

•

Para que a existência tenha um propósito, você deve estar empenhado em realizar algo que faça sentido e seja produtivo para sua vida e a dos outros.

•

Para chegar ao céu, primeiro você deve colocar os pés no chão.

•

Não há nada mais sensível na natureza dos seres humanos do que suas emoções.

•

As ideias mais malucas do passado são agora as ideias mais brilhantes do presente.

•

Quando os fatos e a verdade são irrefutáveis, o inimigo tem a opção de denegrir e atacar com mentiras, o que por sua vez representa um sinal de sua fraqueza.

•

Em algum momento, de alguma maneira, a semente do esforço germina e dá frutos; às vezes você colhe os frutos no final da existência.

•

TODAS AS PESSOAS TÊM CAPACIDADES E POTENCIALIDADES QUE NUNCA DESCOBREM, QUE NÃO SABEM QUE ESTÃO DENTRO DELAS.

Há perguntas que não podem ser respondidas imediatamente – as respostas ficam escondidas no tempo.

•

Diga-me quem você é e eu direi com quem você anda.

•

Às vezes, o que você mais ama é o que mais te fere e machuca.

•

Que coisas partem o coração do homem? Dinheiro, sexo e poder.

•

Lágrimas, suor e sangue derramado no solo podem ajudar a germinar os anseios mais profundos de um coração.

•

O mal e o engano são um produto residual da psique.

•

Ouse cruzar o horizonte, ir além da visão dos seus olhos, deixar para trás o medo do desconhecido e da vergonha, e se lance ao destino que está diante de você.

•

Quanto mais alto nosso nível de consciência, maior o bem-estar social e individual.

•

Talvez as ideias malucas de hoje sejam as ideias revolucionárias de amanhã.

•

A maior descoberta da humanidade será a existência de outras civilizações e formas de vida.

•

Nem a modernidade nem a ciência e a tecnologia erradicarão o mal do coração, apenas uma mudança na consciência individual e social conseguirá fazer isso.

•

Para cada dia que vivo, outro dia está fora da lista da minha existência: viva cada dia intensamente.

•

Nada do que se encontra no mundo teria qualquer valor sem a avaliação subjetiva da consciência sobre o objeto.

•

Posso não ser capaz de fugir de todas as circunstâncias que me prejudicam, nem ser capaz de alcançar todas as que me beneficiam, mas, sabendo o que as precede, farei a diferença no meu destino.

•

Não há nada mais sujo, podre e fedorento do que a mente de muitos seres humanos.

•

Minha mente é o leme, meu corpo é o veleiro, e o mundo, o mar imenso.

•

Qual o sabor da vida? Sem dúvida, agridoce.

•

Ouse tocar as estrelas com a ponta dos dedos, deixe seus pensamentos voarem livremente ao infinito, feche os olhos, deixe o universo se encaixar em sua mente e ambos se tornarem uma só coisa, e você será feliz.

•

Cada respiração, cada batida do seu coração, cada coisa que você percebe por meio dos seus sentidos anuncia que você vive e que ainda faz parte deste mundo. Não perca a oportunidade única da vida.

•

Ouse descobrir tudo o que existe no mundo e você verá que é uma grande aventura.

•

Às vezes, com lápis e papel, muitas batalhas podem ser vencidas e muitos inimigos derrotados.

•

As palavras mais incompreensíveis e inimagináveis para o homem: infinito e eternidade.

•

A vida te dá rosas com espinhos no mesmo jardim, doçura com amargura na mesma bebida, luz com escuridão na mesma paisagem, amor e decepção em um único ser humano, felicidade e decepção em um só instante. A vida certamente te dá um pouco de tudo em uma única existência.

•

A origem da pobreza e do subdesenvolvimento é produto de uma consciência individual e social subdesenvolvida.

•

O verdadeiro segredo do desenvolvimento está na geração, disseminação e utilização do conhecimento gerado.

•

Eu gostaria de fechar meus olhos e dormir por mil anos, assim, quando eu acordar, talvez seja possível viajar para as estrelas.

•

Em pouco tempo as coisas e os conceitos que temos para ver e conceber o mundo são gradualmente substituídos por outros.

•

O pior mal no nascimento: nascer idiota.

•

Não são as fronteiras nem a cor da pele que dividem os seres humanos, mas as barreiras que sua consciência cria.

•

Agitamos o passado em busca de respostas, vingança ou consolo, mas ao fazer isso torturamos a alma e adicionamos mais dor do que já existe em nossas vidas.

•

Existem espaços de insatisfação na consciência que não são preenchidos com nada.

•

As coisas que são agora não foram ontem; aquelas que agora são naturais ontem foram efêmeras; e as coisas que serão amanhã são ridículas agora.

•

Existem mais coisas no mundo do que vemos, pensamos, cheiramos ou sentimos.

•

O homem conquistou aldeias, depois territórios, logo países, conquistou continentes, e agora foi conquistar planetas vizinhos, para depois conquistar as estrelas da nossa galáxia e talvez um dia outras galáxias e confins que agora nem sabemos nem imaginamos, pois seu espírito de conquista está em sua natureza e é imparável.

•

A consciência é um reflexo da realidade, e a realidade é um reflexo da consciência – tudo é a mesma coisa.

•

A mente é uma fábrica invisível e impalpável que construiu toda a realidade humana.

•

Não se desespere nem desanime, porque talvez a saída esteja muito perto de você, nos labirintos de sua mente.

•

Deixaremos de ser primitivos quando derrotarmos a morte, quando eliminarmos as doenças e o sofrimento humano, quando pudermos ser felizes e viver em harmonia, quando protegermos e dominarmos a natureza à vontade, quando conquistarmos e espalharmos nossa semente humana pelas estrelas.

•

O que o meio social oferece à consciência a consciência mais tarde dará ao meio social.

•

EXPLORE SUA MENTE, MERGULHE NOS CONFINS MAIS PROFUNDOS DE SUA ESSÊNCIA E VOCÊ ENCONTRARÁ UM MUNDO QUE ULTRAPASSA SUA PRÓPRIA IMAGINAÇÃO.

•

Todos fazem mais e melhor em seu devido lugar.

•

O sexo é uma iguaria dos deuses apreciada pelos humanos.

•

Se pudéssemos adicionar um pouco de sabedoria em tudo o que fazemos, começaríamos a transformar o mundo em um minuto.

•

Muitas das maravilhas dos homens são concebidas em total escuridão, abandono e desgraça.

•

Olhe para o amargo e frustrado, olhe para dentro de sua alma e você verá anseios não realizados e sonhos desfeitos.

•

A chave de uma porta sempre serve para abrir outras; uma circunstância sempre pode se conectar a outras em uma sequência infinita de eventos.

•

Existem realidades que vão além da compreensão, além da visão dos olhos.

•

Ferem o coração e envenenam a alma: falo dos beijos nos lábios dos quais não emana amor.

•

A fonte de felicidade que dá sentido à minha vida está dentro de mim.

•

Ignorância e pobreza, gêmeos do mesmo útero.

•

Não reclame da experiência, senão os fantasmas do passado vão viver com você todos os dias da sua vida.

•

Agridoces são os beijos
que não exalam amor.

•

As crianças são a coisa mais próxima que temos de Deus na Terra.

•

A dor na alma dói mais
do que a dor no corpo.

•

A mente de uma criança
é uma página em branco;
certifique-se de escrever
coisas bonitas, usar boa
ortografia, caligrafia bonita
e não fazer manchas, porque
é a mente de seu filho, na
qual você escreve à mão.

•

A vida é mais doce quando
primeiro é amarga.

•

Estrume podre envolto em
vômito e maldita semente
de vida é aquele que rouba.

•

Faça amizade com você
mesmo e você será
amigo do mundo.

•

Se você está perto de
uma criança, você está
perto de Deus.

•

Quanto mais escuro o túnel,
mais forte é a luz na saída.

•

Observe os idiotas e
descobrirá que a origem da
idiotice dele está no conteúdo
e na dinâmica de cada um
de seus pensamentos.

•

Felicidade genuína somente
no coração que tem amor.

•

Se alguém se lembra de você, mantém você em seus pensamentos, está com você quando você precisa dele e guarda seus segredos, você pode chamá-lo de amigo.

•

Dê um pouco, só um pouco de sentido a cada minuto de sua vida, e você encontrará escondidos em cada um deles mil motivos para viver, mil motivos para recomeçar, mil motivos para amar e mil motivos para ser feliz.

•

Em cada palavra, em cada expressão, em cada tom de voz e em cada coisa que você faz ou deixa de fazer, você expressa amor ou rejeição pelos outros.

•

Não são os fatos concretos que prejudicam e abatem a alma, mas as interpretações que deles fazemos.

•

Deixe ir o que já foi, não se prenda, senão sua vida será em vão com o que se foi.

•

Da maior fraqueza, a maior força pode surgir.

•

SER SÁBIO É UM PROCESSO, NÃO UM EVENTO.

Se você não alcançar os propósitos de sua existência, os fantasmas de seus desejos irão persegui-lo e assombrar os dias de sua vida, eles serão como prisioneiros eternos de seus pensamentos, derrubarão sua alma, se tornarão sangue que envenenará seu coração dia com dia.

•

Quando algo é dado, é dividido; quando o amor é dado, ele se multiplica.

•

A felicidade depende apenas de uma coisa: da atitude pessoal e racional em relação às circunstâncias da vida.

•

O bumerangue da vida: o que você joga em direção a ela retorna para você com mais força.

•

As coisas boas da vida geralmente estão no fim da estrada, no fim do esforço e da luta.

•

O que você não consegue derrubar com força e golpes pode derrubar com persistência.

•

Você vale tanto quanto sente.

•

O maior passo: o primeiro.

•

Você não pode viver sem fazer nada.

•

Não inveje os que praticam o mal; é como desejar a esposa do diabo.

•

No erro está o segredo da perfeição.

•

Quando você aprende com os erros e fracassos, você se torna sábio; quando persiste neles, você se torna um ignorante.

•

Os argumentos do silêncio
ressoam mais do que palavras.

•

Você pode criar seu próprio
paraíso ou seu próprio
inferno com sua mente.

•

Quando você dá os passos
certos, está no caminho certo.

•

A derrota não é quando você cai,
é quando você não se levanta.

•

Quanto mais respostas
são respondidas, mais
perguntas eu me faço.

•

Nem sempre aquilo de que
os olhos gostam e o que mais
lhes agrada é o melhor.

•

Pense mais nas possibilidades
do que nas dificuldades.

•

Não há ninguém que, com
esforço e perseverança,
não possa ascender a
níveis superiores de sua
própria realidade.

•

Quando você não
pode, é porque você
não faz o suficiente.

•

Às vezes, o caminho
que leva ao sucesso é
tecido de fracassos.

•

Não há nada mais próximo
de Deus do que a alma
de uma criança.

•

A cada obstáculo superado
irremediavelmente
você fica mais forte.

•

O muito é feito de pouco;
começar pelo pouco é muito.

•

As falhas são apenas os sinais que mostram o caminho certo.

•

Dinheiro e poder seduzem mais que uma mulher.

•

Passo a passo a montanha vai sendo conquistada, como seus anseios.

•

Existem dois tipos de sofrimentos: os reais e aqueles criados e mantidos por você.

•

A organização é saúde mental.

•

Busque a transcendência em todas as fases da vida.

•

As desculpas são um jeito racional de evitar responsabilidades.

•

Gostaria de ter a sabedoria de um velho, a força de um adolescente e a pureza de coração de uma criança.

•

Para tudo que você não pode mudar na vida, há pelo menos mais duas que podem ser mudadas.

•

Diferenças fundamentais: quando a vida passa por você ou quando você passa pela vida.

•

Esforço e persistência, forças invisíveis que rompem barreiras tangíveis.

•

Você não pode dar passos
firmes ao andar na lama.

•

O comportamento mal organizado
é um terreno fértil para o caos.

•

Se com o pouco que deu de si
mesmo você conseguiu muito,
imagine quão longe você
pode ir se der tudo de si.

•

O que é pequeno é relativo, é apenas
uma parte individual do todo. Se
você quer obter o todo, deve partir
do pouco, levando em consideração
que o pequeno é o todo.

•

Muitos dos impossíveis não existem, são apenas produtos de nossos medos.

•

A ajuda pode vir de
onde e de quem você
menos espera.

•

Aquele que chorou
conhece o verdadeiro
valor e significado
da alegria.

•

Para alcançar o que
está no céu, você deve
ter os pés no chão.

•

Rico em sonhos e
ilusões, pobre em ações
e realidades concretas.

•

O rosto é a projeção
física da alma.

•

Não há pão sem
suor, nem alegria
sem tristeza.

•

Quando você conhece outro idioma, as portas de um mundo desconhecido se abrem diante de você; você se conecta com a alma da cultura.

•

Você irradia para o mundo a consciência de tudo o que carrega no seu interior. O mundo das coisas se move e age de acordo com aquilo que você leva dentro de si.

•

Se estiver em sua mente, estará em suas emoções e sentimentos.

•

Transforme seu infortúnio em sua maior felicidade, suas derrotas em suas maiores vitórias e suas fraquezas em seus maiores pontos fortes.

•

O dia mais importante da sua vida: hoje.

•

Como a dor do parto é realizar os desejos da vida.

•

Se soubéssemos o dia da nossa morte, morreríamos de ansiedade antes do dia marcado.

•

Se pudéssemos ver e penetrar na mente dos seres humanos, encontraríamos uma réplica exata da realidade objetiva de nosso mundo.

•

Engane os outros e você acabará enganando a si mesmo.

•

Emoção e sentimento obscurecem os conteúdos da consciência e da razão.

•

Eu sei que valho
mais do que penso
e muito mais do que
o mundo acredita.

•

Se pudéssemos amar
mais e pensar menos,
teríamos um mundo
mais primitivo, porém
mais cheio de amor.

•

Quase nada é como
se pensa que é.

•

Antes de ser sábio,
você deve passar
pelo processo de
ser ignorante.

•

A felicidade é um
estado de espírito
de satisfação e bem-
-estar do conteúdo
de consciência.

•

Não há nada a que o amor não
possa dar um novo significado.

•

Existem coisas na vida que
é melhor nunca saber.

•

O amor tem mais a ver com
ações do que com palavras.

•

Se você quer que o mundo
acredite em você, comece
você acreditando em si.

•

O pior engano é aquela
mentira que consegue enganar
o autor do engano.

•

A única felicidade está no amor;
aquele que a possui é dono de tudo.

•

Se a dor não te mata, ela te cura,
te renova e te torna mais forte.

•

A DOR É O MECANISMO DE PURIFICAÇÃO DA ALMA.

•

A fé é a força interna do ser que é gerada a partir do mundo material, penetra nas esferas do etéreo e daí move o mundo das coisas e das circunstâncias.

•

Alimente cada um de seus sonhos e desejos todos os dias, assim eles se tornarão realidade e vão alimentar sua vida com significado e propósito.

•

A vida é o que alguns usam para dar sentido à existência e outros, para jogá-la no esgoto.

•

Às vezes, o coração é mais sábio do que a mente.

•

Enquanto houver esperança, a energia que torna as coisas possíveis fluirá.

•

O amor verdadeiro resiste ao tempo, à distância e ao fogo das circunstâncias.

•

Adicione um pouco, apenas um pouco, de motivo para viver cada minuto, e no final do dia você terá muitos para ter vivido um dia com propósito. No dia seguinte faça o mesmo, e assim por diante, e você encontrará no resto de seus dias milhares de razões para viver com propósito.

•

Aprenda a não temer nada na vida e você amará tudo o que há nela.

•

As condições ambientais de uma sociedade são apenas a projeção do estado de consciência de seus habitantes.

•

A força do amor atravessa fronteiras e quebra barreiras, supera distâncias e permanece inalterada ao longo do tempo.

•

Dizer "te amo" é fugaz e vago, dizer "te amo" é concreto, abstrato e completo.

•

Nunca desista de ir atrás dos desejos mais sublimes do seu coração. Se você desistir, eles serão os fantasmas que o seguirão até o último dia de sua vida.

•

Hoje é uma projeção de amanhã.

•

A vida é mais do que existir, é viver.

•

Destino, livre-arbítrio e causa e efeito vêm juntos na história de cada ser humano.

•

As memórias são os restos do passado.

•

Os sucessos têm uma base melhor quando são feitos a partir dos fracassos do passado.

•

Os passos que você dá
ao longo da vida são o
que fazem e moldam
os caminhos do seu
destino. Portanto,
se você cuida por
onde anda, cuida
do seu destino.

•

Seja feliz e faça pelo
menos outro ser
humano realmente feliz.

•

Existe um sentimento
mais bonito do
que amor? Não.

•

Você não pode ser
grande sem sonhos e
anseios de grandeza.

•

A melhor maneira de
chegar ao coração
da mulher: palavras
com sabor de mel.

•

Procure quietude e silêncio
para ouvir a voz da alma.

•

Sabedoria e experiência não
podem ser compradas ou
vendidas, são adquiridas na
experiência das circunstâncias.

•

As pessoas em quem você mais
confia são as que mais falham.

•

Tudo que começa acaba e tudo que
acaba pode começar de novo.

•

Duas coisas desagradáveis
acontecem na vida: sempre
fazemos algo que pensamos
que nunca faríamos, e algo
acontece conosco que achamos
que nunca aconteceria.

•

Traços indeléveis e imperecíveis
deixam na alma os amores
que você amou.

•

Faça três coisas neste dia: não pense no amanhã, não se lembre do ontem e viva o hoje intensamente.

•

Quando você fala com Deus, diga em palavras simples as coisas complexas que você sente por dentro.

•

O ERRO NOS MOSTRA O CAMINHO PARA O CERTO.

•

Mais não significa melhor, menos não significa pior.

•

Em algum momento, em alguma coisa, a vida dá a você o que você quer.

•

A vida sempre dá a você mais de uma razão para viver.

•

Cuide do que você faz e diz. De alguma maneira, e até certo ponto, isso afetará outras pessoas.

•

Tudo, absolutamente tudo o que existe, é parte de você, e você é parte de tudo.

•

Vida: apenas me dê uma chance, diga a todos quem eu sou.

•

Se você se encontra no caminho de seus desejos e eles fogem de você, corra atrás deles.

•

O que é uma mulher? Uma pétala de rosa com sabor de mel, impregnada de emoções e sentimentos.

•

Se você não procura, não encontra; se você não corre, não alcança; se você não grita, não vão te ouvir; se você não ficar na frente, não vão te ver.

•

Se eles falam e dizem coisas sobre os outros, eles falam e dizem coisas sobre você.

•

Qual a atração mais charmosa de uma mulher? Sua feminilidade.

•

O que você encontra na mente de uma mulher? Muitos labirintos emaranhados entre si, sem entrada e sem saída.

•

O amor é o sentimento rei.

•

Não idealize nenhum ser humano na vida: idealizações são fonte de decepções.

•

Palavras escritas em papel e tinta desbotam; aquelas que estão escritas no coração permanecem indeléveis.

•

Lembre-se daqueles que se lembram de você e ame aqueles que amam você.

•

Não há nada que o amor não cure, console, reviva e renove.

•

Quando você dá um pouco de amor, você dá muito de Deus.

•

Você ganha muito, mesmo que dê só um pouco.

•

Em cada sentimento
de amor que você dá,
o amor de Deus está
implícito e oculto.

•

É melhor chegar
atrasado do que
nunca chegar.

•

O tempo passa.
O que você tem de
fazer, faça agora.

•

O que dizer quando
as palavras são
insuficientes?

•

Não diga tudo sobre
você, dê migalha a
migalha, mordida por
mordida, e você sempre
terá algo para dar e
contar aos outros.

•

Ternura, carinho e compreensão,
irmãs, filhas da mesma mãe: amor.

•

O sucesso não aparece na
porta de sua casa nem sob seu
travesseiro quando você acorda;
você deve procurá-lo e correr
incansavelmente atrás dele.

•

Se você anseia e não faz,
seus ideais são vãos.

•

*É melhor valorizar
o pouco do que
ter muito e não
valorizar nada.*

•

Faça caridade, dê um pouco de
amor ao mundo: ele precisa.

•

Você é o que pensa que é.

•

Você pode dizer muito sem vocalizar uma única palavra.

•

Os medos que estão fora são fantasmas dos medos que estão dentro.

•

Se você não pode temer o mundo e seus desafios, pode superar e dobrar os desafios que existem nele.

•

O tempo perdido é irrecuperável, mas você pode ganhar tempo do futuro, fazendo um esforço duplo no presente, o que em certa medida significa compensar parte do tempo perdido.

•

Todo sacrifício bem dirigido produz frutos de satisfação pessoal.

•

O verdadeiro crescimento pessoal é sobre-exceder-se um pouco a cada dia.

•

Você consegue do mundo o que acha que merece.

•

Se para saber o que sei agora tive que viver o que sofri, bem-vindo o vivido.

•

Todo ser humano vive de acordo com sua expectativa de vida.

•

A dor da alma dói por todo o corpo.

•

Não se esforce para entender a vida, aproveite-a.

•

Pare de dormir e
comece a trabalhar.

•

Não se mortifique se você
tenta em vão, pois há
coisas que você nunca
pode mudar; só a aceitação
liberta a alma da carga.

•

Se você cuidar mais
do presente, este irá
recompensá-lo no futuro.

•

POR TRÁS DAS APARÊNCIAS, EXISTE UM MUNDO DE REALIDADES DIFERENTES.

•

Só o tempo dá respostas
a muitas perguntas.

•

Você pode ser tolo ou sábio
na vida, é uma decisão
inteiramente pessoal.

•

Você sempre encontrará
pessoas na vida mais
capazes do que você em
inteligência, personalidade,
moral, trabalho, físico etc., e
o contrário também é válido.

•

O destino não é algo que está
lá fora esperando por nós; o
destino está em nossas mãos.

•

O que você observa não
é a realidade, é a soma de
sua percepção e de seus
próprios julgamentos.

•

Às vezes é necessário passar
fome e frio, sentir dor e
sofrimento, desânimo e
frustração para perceber que
nossos passos tortos levam a
caminhos e destinos tortos.

•

Tudo o que vem a você é porque, de alguma maneira, você quer.

•

O interesse pelos outros é o interesse por si mesmo.

•

O que você vê chegando virá para você.

•

O que você teme vai passar.

•

Não se perca em busca da felicidade; ela está em você.

•

Se você ama, mostre...

•

Para construir uma realidade, primeiro é preciso ser fantasia.

•

Para compreender os laços que unem a vida e a existência humana, é necessário um nível de intelectualidade, consciência aberta e bom senso.

•

Não é preciso muito para saber se você está lidando com um homem ignorante ou sábio; apenas o deixe falar por um momento para perceber.

•

A verdadeira criatividade é aquela que faz maravilhas do nada.

•

O mundo real é uma réplica do conteúdo psíquico de nossa mente.

•

Muitos seres humanos vivem e morrem ansiando por ver seus sonhos se tornarem realidade.

•

Tudo o que fazemos é baseado na satisfação de nossas necessidades existenciais, dando sentido e propósito à vida, mas grande parte da humanidade morre sem ter encontrado o rumo correto de seu destino.

•

Qual é a diferença entre um ser humano bem-sucedido e um fracassado? As decisões.

•

O destino e muito do que nos acontece, de alguma maneira, em certa medida, estão ligados à nossa mente: você consegue o que pensa e quer.

•

Se você não espera nada da vida, é óbvio que não o receberá.

•

Fazer é também alcançar e alcançar.

•

Cada pessoa, a seu modo, busca a felicidade, além de algumas serem promotoras de sua própria miséria e infortúnio, manifestados em sua maneira de pensar e agir para consigo e para com os outros.

•

Baseie seus sonhos e anseios em realidades concretas.

•

Tudo o que você dá à vida a vida volta para você multiplicado.

•

O crescimento pessoal começa no interior e se reflete no exterior.

•

O nível de expectativa que cada ser humano tem e espera da vida está relacionado à sua capacidade intelectual.

•

A felicidade é uma prática e um estilo de vida que se reflete em tudo o que você faz.

•

Estrume podre tem mais benefícios do que as palavras que emanam dos ignorantes.

•

A experiência é tacitamente determinada por outras experiências.

•

Na vida existem cem motivos para deixar de viver e mil para continuar vivendo. A vida, mesmo com seus defeitos, é bela.

•

Não reclame e perca tempo se lamentando, pois cada reclamação rouba seu tempo e tira suas forças; cuide do que você pode mudar agora.

•

O mundo material é produto da mente subjetiva dos seres humanos que a transformam em realidade.

•

Para enfrentar a vida, você deve ter alma de guerreiro; caso contrário, ficará preso no meio da vida, vencido pelas circunstâncias.

•

Os sentimentos são como ramos: quando são cortados, brotam novamente.

•

A tua vida é como uma carroça puxada por cavalos: tens de tomar as rédeas, para não te perderes no caminho e vaguear pelas vicissitudes da estrada.

•

Não se engane: a realidade é apenas uma interpretação muito básica de seus sentidos para os estímulos do ambiente; a realidade é muito mais ampla do que você pode imaginar.

•

A sabedoria não se compra nem se vende, mas se adquire na experiência das coisas, nos erros e acertos da vida.

•

A música fala a mesma linguagem da alma.

•

No homem, o amor entra pelos olhos, na mulher, pela sedução de um homem.

•

Você pode sentir dor e usá-la para destruir sua vida ou ressurgir com mais força.

•

Você pode ter um inferno dentro de você, mesmo estando em um jardim de rosas.

•

Melhor o bocado de comida humilde em paz do que o lanche ostentoso em ódio.

•

Se você conhecesse todos os desafios e as dificuldades intrínsecos à vida e à dinâmica existencial, provavelmente teria desistido de nascer, se tivesse a opção.

•

As memórias podem se tornar fantasmas que assustam o presente.

•

Cada pessoa tem capacidades e potenciais dentro de si que nunca descobrirá ser uma parte e que morrerá sem nunca tê-los despertado, sem tê-los trazido à luz em algum momento.

A vida retorna para você o que você dá em troca.

•

A solidão é muitas vezes mais dolorosa do que a dor física e, como punição, uma das piores para a alma.

•

Quando você sentir vontade de desistir, é aí que deve se esforçar ao máximo para insistir.

•

Uma das maiores limitações do desenvolvimento humano e das conquistas pessoais está na falta de crença em nossas potencialidades e na falta de ação na realização de nossos anseios de vida.

•

Não é homem quem rouba o amor alheio; este apenas mostra sua condição de baixeza humana.

•

Mesmo na escuridão mais profunda você pode brilhar a luz de sua alma.

•

Desde que você nasceu, a vida não para de colocar obstáculos em seu caminho.

•

Não se apegue às coisas do passado e ao que já está perdido.

•

Os propósitos da vida dão sentido à existência.

•

Você pode estar fisicamente longe da pessoa que ama, mas muito próximo dela emocionalmente; ou muito próximo fisicamente, mas longe emocionalmente.

•

Só na ação você pode mudar as condições da sua realidade; sonhos e desejos são passageiros, eles não têm valor quando você não os concretiza.

•

Fique longe tanto quanto possível de mentiras, enganos e falsidades; são venenos que penetram na alma e corrompem o coração.

•

Quando você procura um amor, não coloque o olhar nas coisas superficiais e efêmeras, pois elas logo se desbotam e perdem o valor com o tempo. Vá mais longe, olhe a essência dela; é o que resta para a vida.

•

Não dê valor ao que não vale nada.

•

Não me peça para não pensar em você, se você faz parte de todos os meus pensamentos.

•

Somente uma pessoa que ama a si mesma tem a capacidade de dar amor aos outros.

•

O que você faz ou deixa de fazer por si mesmo a vida recompensa ou exige de você.

•

Não aceitar a realidade e a condição atual cria negatividade mental.

•

Reconcilie-se com o seu passado para ter paz no presente.

•

Vida de sonhos e anseios, mas de pobres realidades.

•

O tempo frequentemente dá respostas às perguntas que você se faz hoje.

•

As lições mais difíceis de serem aprendidas são aquelas que a própria vida lhe dá.

•

Se você não tem força para alcançar seus ideais mais elevados, pelo menos alcance seus ideais mais básicos.

•

Pensamentos negativos são convidados indesejados invadindo sua mente.

•

No tempo estão escondidas as respostas das perguntas que você se pergunta hoje.

•

Algumas pessoas precisam vivenciar a fantasia para mais tarde compreender a realidade.

•

O tempo cura as feridas da alma.

•

As memórias de dor do passado são os fantasmas que assombram os dias atuais.

•

SEU MUNDO EXTERNO É UMA PROJEÇÃO DO MUNDO INTERNO.

•

Se você for capaz de fazer brotar das cinzas da dor a semente do amor e da esperança, terá alcançado o verdadeiro significado de viver novamente.

•

O tempo e as circunstâncias descobrem o amor verdadeiro.

•

A vida é apenas um pequeno momento, menos que um piscar de olhos no tempo cósmico, então não se apegue ao que é efêmero e sem valor. Nela existem aspectos de maior importância, como o amor e a felicidade.

•

Às vezes, as pessoas que você mais ama são aquelas que o machucam.

•

Todo ser humano carrega dentro de si realidades não manifestas.

•

A única coisa perfeita que tenho em minha vida é o amor que sinto por você.

•

O que você cala você pode gritar em público.

•

Melhor ser louco e feliz do que sensato e infeliz.

•

Pense, sinta, acredite, aja, e as coisas acontecerão.

•

Da vida você recebe tudo o que você dá primeiro.

•

Quando você dá os passos certos, significa que está no caminho certo.

•

O destino o leva por estradas que você nunca pensa que irá percorrer.

•

A cada passo que dá
na vida, você constrói
destinos e realidades.

•

*O caminho para
a felicidade
está repleto
de infortúnios,
acertos e erros,
caminhos
cruzados, lugares
tenebrosos e vários
obstáculos, e no
final está o tesouro
da satisfação por
ter superado todos
os desafios da vida.*

•

Das entranhas da dor,
a esperança de uma
nova manhã e de vida
pode ressurgir.

•

O caminho que você
percorre é o que determina
o seu destino.

•

O que não consegue
te destruir e matar
fortalece sua alma.

•

Existe um poder que
emana de quem tem o
conhecimento em suas mãos.

•

Todo esforço ou sacrifício
bem direcionado produz
frutos de satisfação.

•

As mentiras sempre deixam
rastros de dor e sofrimento
após sua passagem.

•

A felicidade não é um
sonho ou um desejo, é
uma experiência.

•

O que te impede agora pode ser o que te motiva amanhã.

•

O sofrimento e a dor são o mecanismo que a vida usa para purificar os corações dos homens na Terra e aumentar a qualidade da alma humana.

•

Adicione vida à vida.

•

Se você buscar o suficiente, encontrará; se, em vez de andar, você correr e se, em vez de parar para pensar, você age, com certeza alcançará todas as oportunidades que a vida lhe dá.

•

Conhecimento não dá sabedoria.

•

Obstáculos na vida não apenas te fazem parar no caminho, mas também permitem que você veja as oportunidades por trás dos desafios.

•

A vida, em algum ponto, em algum lugar e de algum modo, cobrará de você o engano, a mentira de suas palavras e suas ações com uma medida adicional.

•

Não vou morrer sem ter conseguido o que quero e sem ter encontrado o que procuro.

•

A IGNORÂNCIA SEMPRE SE PAGA E O PREÇO É MUITO CARO, AMARGO E DOLOROSO.

•

A frustração também é um remédio
amargo que nos cura de algumas
doenças que carregamos na alma.

•

Se você parar para ver suas
limitações, pode não ver suas
oportunidades e potencialidades.

•

O maior freio dos nossos
anseios: o medo.

•

Palavras sábias são desconhecidas
dos ignorantes.

•

As verdades estão escondidas no
que é intangível para o homem.

•

A vida sempre lhe oferece mais
de uma maneira de chegar ao
seu destino, basta procurar.

•

Pode-se ser ignorante sem saber; o
contrário acontece com o sábio.

•

A maior barreira para
atingir metas não
está nas limitações
materiais, mas naquelas
que estão no fundo de
nossa consciência.

•

É mais lucrativo pensar
menos e agir mais.

•

O caminho que leva
à sabedoria está
alinhado com todos
os erros cometidos.

•

Você diz muito quando
fica em silêncio.

•

Pessoas negativas
são como vírus:
você as encontra em
qualquer lugar e, se
estiver perto delas,
pode ser contaminado
facilmente.

•

Não se compare com o que está abaixo de você, sempre olhe para cima.

•

A solidão tem sempre a mesma cara; não importa onde ou com quem você esteja, é a mesma em qualquer lugar do mundo.

•

Todos os seres humanos são essencialmente iguais.

•

Apenas fique em silêncio e você ouvirá a voz da sua alma dizer muitas coisas.

•

Às vezes, a dor da alma é mais intensa do que a dor do corpo.

•

Tudo o que você consegue na vida reflete o tamanho dos seus desejos.

•

O que você cultiva em sua mente se manifestará em seu comportamento.

•

Para conseguir o que deseja, é preciso ter clareza sobre três aspectos: reconhecer o que deseja saber, como alcançá-lo e ter a firme determinação de conseguir o que deseja.

•

O significado do silêncio às vezes transcende o significado das palavras.

•

A espiritualidade, mais do que uma relação divina ou ritual, é uma experiência diária de harmonia consigo mesmo, com as pessoas ao seu redor e com o mundo das coisas.

•

O mundo em que você vive é apenas um reflexo do que você e os outros carregam dentro de si.

•

Todo o bem ou mal que você fizer virá multiplicado em algum momento da vida.

•

O amor é o que mais se fala, mas o que menos se pratica.

•

Você não pode compreender o mundo se não começar primeiro por compreender a si mesmo.

•

Um ser humano sem lei é como um boi sem rédea.

•

Às vezes o silêncio diz mais do que as palavras.

•

O amor, depois da vida e da existência, é o dom mais perfeito e o maior presente.

•

Não procure todas as respostas fora de você; muitas delas estão dentro de ti.

•

Não há nada mais puro no mundo do que a alma de uma criança, refletida em seu olhar terno e inocente.

•

A coisa mais perfeita que o homem tem dentro dele é amor.

•

É uma falha existencial vivermos apenas para satisfazer nossas necessidades essenciais. Vida e existência são muito mais que isso: se você não experimenta amor e felicidade, sua vida é vazia e sem propósito.

•

REINVENTE-SE NOVAMENTE PARA QUE NÃO SEJA DESCARTADO E SE TORNE OBSOLETO.

•

A maior limitação da superação do ser humano não são as condições materiais, são as barreiras mentais que estão nas entranhas de sua consciência.

•

O sucesso pode surgir dos escombros do fracasso e a esperança, em meio às cinzas da decepção.

•

Constância e perseverança, a força motriz que move o alcance dos propósitos.

•

Mergulhe nas profundezas do seu ser interior e você talvez será capaz de se reconectar consigo mesmo.

•

É melhor ser sábio do que ser rico.

•

A dor pode purificar e mover-se para novos propósitos na vida, ainda maiores do que os anteriores.

•

Cada pessoa é mais capaz
do que pensa ser, possuindo
habilidades intrínsecas
adormecidas que são inima-
ginavelmente fantásticas.

•

*Cada ser humano
guarda e carrega
dentro de si um
mundo oculto
tão vasto, extenso
e complexo como
o mundo externo
que conhecemos.*

•

Você não pode compreender
os outros enquanto não
superar o estágio de
compreensão de si mesmo.

•

Você cria sua própria
realidade individual no
meio de uma realidade
maior, coletiva.

•

A vida nem sempre o
recompensará imediatamente
por fazer o bem, mas você
a preencherá com tanta
satisfação e felicidade,
que desejará continuar
fazendo isso sem esperar
nada em troca.

•

A voz da sua alma é mais
bem ouvida no silêncio
e na solidão da noite.

•

A única coisa que revela
o mundo interior dos
homens são suas ações.

•

Quando você aprende
com os erros e falhas,
torna-se sábio; e quando
não, torna-se ignorante.

•

Os caminhos da vida e do
destino às vezes te levam
por trajetos que você nunca
pensou que cruzaria.

•

A vida tem momentos que nunca voltam; eles vêm e você os vive apenas uma vez. Como um vagão de trem, no qual você viaja e depois tem de deixar partir.

•

De uma coisa tenho certeza: tenho muitos motivos para viver e nenhum para deixar de existir.

•

Não há maior responsabilidade do que aquela por sua própria vida.

•

Você se vê como você se sente.

•

A pior derrota é aquela em que, mesmo sem tentar, você desiste.

•

A carga da vida fica mais leve quando você a compartilha.

•

Não tente entender a vida, você não vai alcançá-la, é muito complexa. É melhor dar um significado a ela e entender o propósito individual de por que você está neste mundo.

•

Não há sucesso sem sacrifício e nenhum sacrifício no caminho certo sem recompensa.

•

As ações individuais sempre terão um impacto sobre os outros, para melhor ou para pior.

•

As coisas que você faz quando
as emoções te dominam...

•

Em algum momento, você
terá de pagar com juros o
mal que fez aos outros.

•

A felicidade às vezes é encontrada
no final da estrada.

•

O melhor investimento que você
pode fazer é investir em si mesmo.

•

A vida é mais fácil quando
você sabe como vivê-la.

•

VOCÊ NÃO VAI CONSEGUIR NADA APENAS SONHANDO E DESEJANDO; VOCÊ DEVE CONCRETIZAR EM AÇÕES.

•

A derrota é o efeito
secundário do efeito
primário de se sentir
como um fracasso.

•

Capacidade intelectual
e sabedoria não são
a mesma coisa: a
primeira ajuda a atingir
objetivos profissionais
e acadêmicos; a
segunda, a saber viver
e conduzir a vida.

•

A dor ajuda a
purificar a alma.

•

Ações individuais têm
efeitos multiplicadores
sobre os outros.

•

Você faz mais sendo
persistente do
que sendo capaz
e inteligente.

•

Sábios não apenas obtêm sabedoria de outros sábios, mas também aprendem com a ignorância de alguns.

•

Você não pode mudar sua realidade sem antes mudar a realidade de sua mente; a primeira depende da segunda, e não o contrário.

•

As grandes histórias de amor correm o risco de se tornarem grandes tragédias.

•

Não sofra e não se engane, não segure o amor que te deixou; você encontrará outros amores indo pelo caminho da vida.

•

Você pode evitar muito sofrimento em sua vida se adicionar um pouco de cautela às suas ações.

•

A vida te ensina, o aprendizado depende de você.

•

Os jovens falam do futuro, os velhos, do passado que viveram.

•

É melhor ser tonto e ignorante do que ser mentiroso e cheio de maldade.

•

O que você não traz inatamente pode aprender na perseverança e na prática.

•

Existem sofrimentos que vêm do destino e das vicissitudes inesperadas da vida, mas há outros que vêm das decisões e dos resultados de suas ações.

•

Quando você conta muitas mentiras, corre o risco de que sua vida se transforme em uma delas e de se enredar em seus próprios enganos.

•

A vida ensina o caminho certo ou errado e deixa você livre para escolher qual deles seguir.

•

Quando você para de lutar e de ter sonhos e desejos, sua vida se torna vazia e sem sentido.

•

O significado da vida é baseado na essência dos propósitos.

•

Paixões desenfreadas podem terminar em finais tortuosos e dolorosos.

•

Se você está insatisfeito com a realidade da sua vida, o que está fazendo para transformá-la?

•

O verdadeiro EU se manifesta quando você coloca uma pessoa em um momento ou situação difícil: o verdadeiro eu brota, as partes ocultas da personalidade e os conteúdos misteriosos da consciência vêm à luz.

•

A paz interior é mais valiosa do que as riquezas.

•

Pessoas que enganam constantemente imaginam falsas realidades dos outros.

•

Todos nós temos a capacidade e a responsabilidade de mudar nossas vidas.

•

É necessário que você se reinvente pelo menos uma vez na vida, que renasça, que se transforme e não seja a mesma pessoa para o resto da vida, corroído pelo tempo e manchado pelas circunstâncias e vicissitudes.

•

Nem o tempo nem a distância nem as circunstâncias diminuem o amor verdadeiro.

•

Quando você pensa excessivamente no passado ou no futuro, perde o valioso tempo do seu presente.

•

Você fica surpreso quando olha para dentro e descobre todo o mundo interno que vive dentro de você.

•

O ser humano olha mais para os outros do que para si mesmo.

•

Quando você se enche do bem, gradualmente se livra do mal.

•

Tudo o que está dentro de você vem à luz por meio de suas ações, pensamentos e sentimentos.

•

Não há sentimento que exceda o sentimento de amor.

•

Os objetivos da vida são alcançados mais pela persistência do que pela inteligência.

•

Circunstâncias difíceis trazem à tona o ser oculto que vive dentro do indivíduo: um anjo ou um diabo.

•

De derrotas e fracassos os maiores triunfos da vida podem surgir.

•

Você é o que está em sua mente, nas entranhas de seu subconsciente.

•

O que você pensa está diretamente relacionado ao que você recebe.

•

Tire de você o veneno que te faz mal.

•

Não é necessário perder tudo para perceber que você tinha algo.

•

Você pode ser um escravo de si mesmo sem saber.

•

Quando você preenche sua vida com amor, preenche sua vida com Deus.

•

O segredo não é quanto você tem, mas o quanto você aproveita o que tem.

•

O que nada mais pode curar, o tempo pode.

•

Se as coisas não acontecem, você tem dentro de si o poder de fazê-las acontecer.

•

Se você se deixar levar pela constância e perseverança, estará condenado ao sucesso.

•

Você recebe da vida o que pensa e sente que receberá.

•

Tudo que você cala é tudo que te incomoda.

•

Muitos de nossos problemas e aflições derivam de nossa preferência endêmica e excessiva por bens materiais.

•

Goste ou não, nós recebemos da vida o que merecemos.

•

O ser humano apresenta inconsistências entre a imagem manifestada e a realidade interna.

•

Quando começarmos a valorizar as pessoas pela essência do conteúdo e não pelo status social ou posses materiais, teremos dado um dos mais importantes saltos evolutivos da consciência da humanidade.

•

As mentiras e enganos só produzem frutos de infelicidade.

•

Cada vez que mente e trapaceia, você se desvaloriza.

•

A inveja são seus próprios desejos pessoais incorporados em outra pessoa.

•

Viver em um mundo de engano não justifica mentir.

•

VOCÊ ALCANÇA A PERFEIÇÃO QUANDO TREINA NO IMPERFEITO.

•

Os outros te olham como você se sente.

•

Você pode ter vida por fora e estar morto por dentro.

•

Que a dor e o sofrimento sejam o fertilizante que germina a semente dos desejos da sua alma.

•

Tudo o que é renovado sobrevive; o que permanece inalterado desaparece.

•

Você pode encontrar na multidão de conhecimentos muita ignorância.

•

A paz é um direito e um dever.

•

As desculpas são justificativas com o objetivo de suavizar atos errados.

•

Você pode não estar entre grades e correntes e mesmo assim ser um prisioneiro de si, de suas emoções e pensamentos que o mantêm cativo.

•

Amor e felicidade andam
de mãos dadas, irmãs
do mesmo pai: Deus.

•

Se acontecer dentro de você,
vai acontecer no mundo das
coisas e circunstâncias.

•

Que as lágrimas derramadas
germinem a semente
de seus anseios.

•

Doenças da alma e do coração
são curadas com o tempo.

•

Existem perguntas que
só o tempo responde.

•

Mentiras atraem mentiras.

•

O presente é uma
representação parcial
do futuro.

•

A montanha à sua frente
será uma pedra sob seus
sapatos se você conquistá-la.

•

O mentiroso força os
outros a mentir.

•

*Os grandes
fracassos são
as melhores
oportunidades
de colher
grandes
sucessos.*

•

Não é necessário
mentir para tornar suas
verdades conhecidas.

•

Cultive dentro de si,
mais do que qualquer
outra coisa, amor.

•

A ignorância é
o alimento dos
ignorantes.

•

A força do propósito e
das ideias pode ser mais
forte do que armas.

•

Boas intenções, mal
direcionadas, produzem
efeitos contrários.

•

Chorar pelo que já foi
não resolve nada.

•

O sentimento é um
véu que desvanece
a realidade.

•

Que suas ações
sejam consistentes
com a grandeza
de seus desejos.

•

Tem gente que é como cobra: morde
e vai embora, mas o veneno fica.

•

Exceto pela dor física, todas
as formas de sofrimento são
mentais, criadas por percepções
ou expectativas pessoais
frustradas ou não realizadas.

•

As vozes que nasceram no
silêncio são as que hoje
ressoam nas multidões.

•

Minhas fraquezas são apenas
o estágio embrionário
de minhas forças.

•

**Minhas fraquezas
são apenas
o exercício
temporário do que
me tornará forte.**

•

As ideias que nascem no escuro são aquelas que brilham à luz do dia.

•

Você não precisa ver o fim da escada para perceber que está sobre degraus.

•

As palavras são de mel, as ações são de fel.

•

O conhecimento é a única penitência redentora, pelo pecado da ignorância.

•

O fim só pode ser a representação do começo.

•

Palavras são mais fáceis do que ações.

•

As cicatrizes do corpo desbotam, as cicatrizes da alma são indeléveis.

•

A terra em que você pisa é aquela que indica o caminho onde você anda.

•

Vontade e força não se pode encontrar fora, pois estão dentro de você.

•

Eu morro quando minha consciência é desligada pelo sono, e reexisto quando abro meus olhos novamente, em uma magia que acontece todos os dias.

•

É sábio aprender até com os ignorantes.

•

O único espaço no mundo
onde você governa é o seu
próprio espaço interior.

•

A coisa mais próxima
da morte em vida é o
momento de dormir,
quando a consciência é
temporariamente desligada.

•

Com cada pensamento
colocado em sua mente,
você constrói a essência de
quem você é e como ela é
projetada na realidade que
você mesmo constrói.

•

Tudo aquilo em que
você adiciona amor,
perseverança e paciência
dá frutos de sucesso.

•

Você é o que pensa e, no final,
se torna a projeção mental
do que está em sua mente.

•

Convença-se e você vai
convencer outros.

•

Deus me conduziu à maneira
certa de pensar, sentir e agir.

•

Um caminho leva a outros
e um destino a muitos.

•

Eu sei quão longe já cheguei,
mas não sei quão mais longe
posso ir, porque eu nunca
explorei completamente
todas as minhas capacidades
e potencialidades.

•

Você não pode saber o limite
de suas capacidades se elas
não foram colocadas à prova.

•

Quando você conhece
o fracasso, valoriza o
significado do sucesso.

•

Às vezes é preciso morrer para renascer.

•

As batalhas que você vence por fora são o resultado daquelas que você vence por dentro.

•

Você é o arquiteto da maioria das variáveis que governam o seu destino, com a capacidade de influenciar aspectos que você não escolheu ter.

•

Algo é certo: você pode alcançar ainda mais do que foi alcançado até agora.

•

Você sempre encontrará pessoas com capacidade menor, igual ou maior do que a sua.

•

Quando você para de amar, surgem desculpas, e o que antes era perfeito torna-se imperfeito.

•

A montanha à sua frente, uma vez que seu cume for conquistado, estará sob seus pés.

•

Para ter sucesso, transforme seus obstáculos em trampolins.

•

CALÇADAS LEVAM A ESTRADAS MAIORES.

•

Sacuda tudo o que o impede de ter sucesso.

•

O conhecimento é como uma chave, ele abre as portas da oportunidade.

•

Deus, que a minha força
seja fortalecida na Sua.

•

A pior escrita não é aquela
que foi escrita pior, mas
aquela que nunca foi lida.

•

Cada vez que pensa em coisas
negativas, você rouba energia
vital do seu ser interior.

•

O amor é a força mágica
que move o universo.

•

Não há coração tão duro que o
amor não possa sensibilizar.

•

Cada vez que você aprende, sua mente se torna mais poderosa.

•

A mentira é um navio
que mais cedo ou
mais tarde afunda
no mar do engano.

•

Cada desafio traz
consigo suas próprias
vicissitudes, sofrimentos
e tristezas.

•

Capacidades e
potencialidades
não são totalmente
desenvolvidas em
uma mente negativa.

•

Você pode se tornar
seu pior conselheiro
e amigo.

•

Os ventos do destino
às vezes sopram e te
levam por caminhos
que você não esperava
ou imaginava.

•

Você recebe coisas da vida que nunca espera ou imagina.

•

Há coisas na vida que você só tem a oportunidade de experimentar uma vez, e depois vão embora e nunca mais voltam.

•

Ao querer comer as sobras, você pode perder o prato principal.

•

O homem é como uma criança ao longo da vida, um aluno permanente que aprende de modo constante na escola da vida.

•

Você alcança a vitória quando derrota o sentimento de fracasso.

•

Não se engane, não culpe os outros; nós somos o produto de nossas decisões.

•

Às vezes você abandona o diamante puro que tinha nas mãos e se deixa seduzir por outro que brilha com mais intensidade, mas, quando observa mais de perto, descobre que é apenas uma pedra-pomes.

•

Às vezes você encontra soluções nos cantos e nos lugares menos esperados.

•

Tudo o que nasce da mentira e do engano está fadado ao fracasso.

•

O que você não
aproveita hoje, amanhã
poderá ter ido embora.

•

As ideias mais loucas
às vezes se tornam
as mais sensatas.

•

Quando você
reconstrói o presente,
com os escombros
do passado, constrói
um novo futuro.

•

A própria experiência
de vida deixa rastros
que marcam a alma.

•

Aprenda a ouvir as
vozes do silêncio.

•

Quanto mais você
sabe, mais poderoso
você se torna.

•

O perfeito é aperfeiçoado
no imperfeito.

•

É na magia das ações que os
sonhos se tornam realidade.

•

NÃO HÁ PIOR IGNORANTE DO QUE AQUELE QUE, CONHECENDO SUA CONDIÇÃO, PERSISTE EM MANTER E SUSTENTAR SUA IGNORÂNCIA.

•

A sabedoria, mais do que letras e palavras, vem da experiência e da reflexão.

•

A motivação e o querer-fazer vão além das barreiras e limitações.

•

O que você sente sobre si mesmo é o que os outros vão sentir sobre você.

•

A vida é uma roleta: agora você pode chorar e sofrer e amanhã rir e ser feliz.

•

Minha perfeição é inspirada pelo imperfeito.

•

O mundo externo de cada pessoa é apenas uma representação física dos elementos pessoais de seu mundo interno.

•

Sempre, em qualquer hora, lugar e circunstância, é o momento certo para começar de novo, para renovar suas forças e seguir em frente, enquanto a força interna do propósito estiver viva e ardendo para te impulsionar.

•

A vida quase sempre lhe dá mais de uma chance para recomeçar, para reconstruir o que foi perdido e para construir coisas novas.

•

O conhecimento é a chave que abre todas as portas, a força que quebra todas as barreiras, o passaporte que atravessa todas as fronteiras, o veículo que leva a todos os cantos do mundo.

•

De longe parece lindo e perfeito, de perto é torto e oco.

•

Quanto mais aprendo, mais me convenço do quanto ainda tenho de aprender.

•

As intenções por si só não têm o poder de transformar as coisas.

•

O medo é o fantasma que espanta as coisas possíveis e realizáveis na vida.

•

Conhecimento e raciocínio ampliam a percepção da realidade.

•

Sempre que você se esforçar além de seus limites, terá a capacidade de ir ainda mais longe.

•

Há dores da alma que não desaparecem, só se aprende a conviver com elas.

•

O caminho da constância, da perseverança e da motivação leva-te até onde nascem os sonhos que se tornam realidade.

•

Quando você não consegue superar algo, tente de novo e de novo. Cada vez que fizer isso, você irá mais longe do que nas tentativas anteriores.

•

As soluções para os problemas da humanidade existem atualmente; temos conhecimento e tecnologia suficientes para dar um salto quântico de qualidade, mas falamos muito e fazemos pouco.

•

Quando se sentir sozinho, não se esqueça de que ainda tem a si mesmo, com todas as suas habilidades, força e inteligência.

•

Ninguém que não seja capaz de ir além do espaço coberto por seus pés jamais alcançará seus ideais.

•

Dores, obstáculos, frustrações e decepções são os companheiros inescapáveis no caminho que nos conduzem aos nossos desejos; são os fantasmas que tentam afugentar os nossos ideais, mas graças a eles nos tornamos verdadeiros guerreiros da vida.

•

O triunfo não ocorre de fora para dentro; muito pelo contrário, quando você triunfa dentro de si, isso se reflete no mundo das coisas.

•

Sua vida sempre acaba sendo muito diferente do que você pensava que seria, seja para melhor ou para pior.

•

Todo começo é difícil em si mesmo, mas, com o passar do tempo, perseverança e experiência, as coisas se tornam cada vez mais fáceis.

•

Cada desafio traz consigo suas próprias vicissitudes, sofrimentos e tristezas, mas também suas grandes alegrias, satisfações e aprendizados.

•

Algo ser difícil não é desculpa para não ser feito.

•

Foram as dificuldades que nos permitiram nos tornarmos humanos. Por meio delas desenvolvemos consciência, habilidades, imaginação, conhecimentos e experiências que nos levaram a nos tornar humanos, muito além de seres puramente biológicos. Devemos o que somos às dificuldades que enfrentamos e vencemos.

•

QUEM DIZ E NÃO FAZ É COMO QUEM GRITA EM SILÊNCIO.

•

A pobreza é uma das faces mais diabólicas da natureza humana, e a pobreza de espírito e as doenças da alma são ainda piores.

•

A chave para a mudança não está no quanto falamos, mas no quanto fazemos.

•

Tudo que agora é perfeito passou por um estágio anterior de imperfeição.

•

Um dos piores enganos do ser humano é aquela condição pessoal de ignorância inconsciente, que cada pessoa possui em grau diferente, sobre si mesmo, sobre os outros e sobre vários aspectos da dinâmica humana e existencial.

•

A pobreza é o pior pecado social, desencadeia a degeneração de todas as esferas humanas.

•

Cada vez que você pensa conscientemente, pode ver um pouco mais longe no horizonte da realidade.

•

Com o conhecimento você vai das trevas à luz.

•

Há coisas que não se consegue na primeira tentativa, mas, sim, nas subsequentes.

•

A ignorância é a mãe de muitos males da alma humana.

•

Áreas sensíveis e dons ocultos só surgem e são ativados na magia dos desafios e da dor.

•

Gotas de amor que se derramam a cada momento, dia após dia, ano após ano, são melhores que derramar um balde de amor em poucos segundos.

•

Às vezes, o futuro se vê no horizonte e se manifesta por meio de sinais no presente.

•

Coisas pequenas se tornam uma representação de coisas grandes.

•

Tudo o que se aprende em algum momento da vida será útil, e tudo o que resta para se aprender em algum momento é necessário.

•

A escuridão da noite fará com que você aprecie a luz do dia de amanhã.

•

Você é o que é pelo que você foi, e você será pelo que é agora.

•

A ignorância é como um castigo: é um jugo que pesa sobre os ombros.

•

Os pequenos detalhes e os bons momentos, somados, podem ser ainda melhores que os grandes.

•

A vida é como um livro: contém muitos capítulos, alguns deles devem ser fechados, outros devem ser abertos.

•

Não há pretexto para deixar de aprender; o que não sabemos adquirimos com perseverança e prática.

•

Todas as estradas em que você escolhe caminhar levam a destinos, e esses destinos são conectados a outras estradas.

•

Temos a capacidade intrínseca de ir ainda mais além dos nossos próprios limites, se persistirmos nos propósitos.

•

Às vezes, quando você pensa que perdeu, que errou, o tempo mostra o oposto e você percebe que realmente ganhou.

•

Quem fere seu coração e perturba sua alma não te merece.

•

Para cada pedra atirada, você receberá duas em troca.

•

Não só os grandes sucessos dão sentido à vida, mas também a capacidade de desfrutar das pequenas coisas do dia a dia.

•

A capacidade inata de aprender coisas novas é a mais importante de todas as qualidades mentais.

•

Um amor que nasce do engano é um amor amaldiçoado, fadado ao fracasso.

•

Quando pensas que é o fim de tudo, percebes que é apenas o início de uma nova etapa, de muitas coisas novas.

•

Procura na vida o amor e a sabedoria, e a felicidade virá por si só.

•

Tudo pode mudar na vida, se a força interna dos propósitos for maior que as circunstâncias.

•

As circunstâncias obedecem à força do coração.

•

A sabedoria é a bússola que guia o teu caminho onde os teus olhos não podem ver.

•

Você se torna sábio na prática quando age com sabedoria. O mesmo princípio se aplica quando você pratica a burrice.

•

A perfeição não é algo que vem de uma vez; vem aos poucos, na rotina anterior da imperfeição.

•

Pense, raciocine, analise, questione profundamente e você verá que as respostas vão surgindo aos poucos.

•

Crenças, ideias religiosas e políticas equivocadas idiotizam, escravizam e causam graves consequências pessoais e sociais.

•

Se você aprende com o fracasso, não se pode dizer que a experiência foi negativa; o aprendizado pode lhe mostrar o caminho certo ou aproximá-lo do sucesso.

•

Os restos das falhas são os melhores alicerces do sucesso.

•

Não se perca em sonhos e saudade, não se perca no conforto da sua cama, esquecendo que você tem de acordar para torná-los realidade.

•

A vida é um tobogã que brinca com a existência humana; há momentos em que você está nas alturas, e outros, no poço mais profundo.

•

O valor da sabedoria não pode ser medido por nenhum bem material.

•

NÃO DESPERDICE SUA ENERGIA FÍSICA, MENTAL E EMOCIONAL NAQUILO QUE NÃO VALE A PENA.

•

As alegrias mais intensas podem dar origem às tristezas mais profundas, e vice-versa.

•

A mentira quase perfeita é aquela que é confiável até mesmo para seu autor.

•

A política escraviza e a religião brutaliza.

•

Os valores e princípios humanos devem ser o melhor guia para a vida, muito mais importante do que política e religião.

•

No fracasso estão as maiores oportunidades de crescimento pessoal e sucesso na vida.

•

Cada vez que você descobre, conhece e experimenta, você adiciona significados à sua existência.

•

Palavras cheias de carinho e ternura são melhores do que mil beijos apaixonados cheios de enganos.

•

Você não será capaz de voar se não pular lá do alto e bater suas asas.

•

Quando você passa muito tempo saboreando o fracasso, perde a capacidade de saborear o sucesso.

•

Sucesso, fracasso, alegria, tristeza e tudo o mais que a vida lhe dá são, em última análise, uma escolha individual de atitude mental e do conteúdo profundo da consciência que se manifesta na materialização do mundo real das coisas.

•

Para contar em ordem cronológica até cem, deve-se começar a contar a partir de um; as coisas devem seguir a ordem natural para que possam chegar ao final de modo satisfatório.

•

As pequenas coisas são a base que sustenta as grandes coisas, ou a partir da qual elas começam.

•

Tudo na vida, absolutamente tudo, tem uma união; não há nada que não tenha impacto sobre outro aspecto.

•

Às vezes, para poder rir, você tem de pagar o preço do choro.

•

A diferença entre o malsucedido e o bem-sucedido é chamada: atitude mental.

•

As falhas podem se transformar em algo lucrativo quando você reflete e aprende com elas.

•

Das boas e más experiências, seja sábio e aprenda com elas; elas o guiarão pelos caminhos da vida.

•

Justamente quando você pensa que tem sido o perdedor, o tempo lhe ensina com o passar dos dias ou anos que você foi o vencedor.

•

O amor é o princípio
fundamental para
alcançar a felicidade.

•

Quando você se concentra
no que quer, o que você
não quer foge de você.

•

A chave para a sobrevivência
está na capacidade
de adaptação.

•

Seu passado te conecta com
quem você é, mas no final
sua verdadeira essência
está em quem você é hoje.

•

De tudo de bom e de mau que
vivemos surgem desígnios
que nos mostram o caminho a
seguir; nosso erro é ignorá-los.

•

A felicidade é a face mais
sorridente do amor.

•

Não pense no que você
é, pense no que pode
se tornar e será.

•

Nenhum coração que não esteja pronto para o amor está pronto para ser feliz.

•

Sua mente é o leme, seu
corpo é o navio, o mar é o
mundo material das coisas
e das pessoas, e o vento
que move o navio são as
circunstâncias da vida.

•

Com sua mente, você
pode se transformar
de pardal em águia.

•

Às vezes a vida me deixa cair só para me lembrar de levantar.

•

EXISTEM COISAS QUE VOCÊ SEMEIA APENAS UMA VEZ E CONTINUA COLHENDO AO LONGO DA VIDA.

•

Não há verdade mais pura do que aquela que é dita e não é acreditada.

•

O ódio pode ser uma manifestação de inveja e a inveja, de admiração ao ver desejos pessoais transfigurados em outra pessoa.

•

A felicidade é apenas a expressão do amor.

•

Há muitas coisas na vida que não requerem grandes sacrifícios para serem alcançadas, apenas um pouco de tempo e interesse.

•

Às vezes, o que não se acredita e não se vê pode ser o mais real.

•

Não te canses nem te desesperes; cada semente lançada tem o seu tempo, não dará fruto com base no teu tempo, e sim o fará no seu momento próprio para germinar.

•

Quando persiste e não desiste, você subsiste.

•

O amor pode nascer em meio ao ódio e à esperança, pode nascer em meio à decepção.

•

A fé é mais perfeita quando surge no meio do desespero.

•

Com confiança em si mesmo, você vai muito mais longe do que com força física.

•

A fé não é exclusiva das religiões, é um dom disponível a todos.

•

Lágrimas de dor são as mais puras, as únicas capazes de purificar a alma.

•

A fé move o mundo.

•

É precisamente quando você perde tudo, que aprecia o que antes estava em suas mãos.

•

Acredite em si mesmo, derrote-se e você conquistará o mundo; não haverá montanha em cujo pico você não possa colocar seus pés e limite que você não possa superar.

•

Quando você para de pensar, para de sentir; se você remove de sua mente, remove de sentir.

•

Quando você pode acreditar e agir, o destino se move a seu favor.

•

Torne-se o maior crente de si e de seus desejos e você verá como seus sonhos se desenrolarão diante de seus olhos.

•

Com persistência você vai mais longe do que com inteligência.

•

Mentiras e engano são apenas a ponta do iceberg de um ser humano cuja alma foi consumida pelo mal.

•

Quando há amor no coração, a felicidade é apenas um produto do primeiro.

•

Meus problemas se tornam insignificantes quando vejo a vida de outras pessoas.

•

Que a sabedoria seja a tocha que ilumina os caminhos da vida.

•

Às vezes a sabedoria emerge não do conhecimento, mas da dor e da frustração.

•

O problema não é que eles não queiram ver você, é que você não se mostra para ser visto.

•

Nenhuma mentira, por melhor que seja dita ou fingida, é infalível; ela será revelada à luz da verdade a qualquer momento.

•

Quem se acredita dono da verdade é o maior credor da mentira.

•

Expulse os inquilinos que envenenam o coração.

•

Seja prudente ao julgar os outros. Nunca acredite em tudo que te falam sobre uma pessoa; pode ser que essa pessoa seja alguém totalmente diferente do que te falaram e, com isso, você também terá a culpa de julgar culpado um inocente.

•

Se você pode sonhar e acreditar no que você pode se tornar, a partir desse momento você é.

•

Seja o autor de suas próprias conclusões, de suas próprias ideias e de suas próprias experiências.

•

As reclamações são o pior material para mudar a realidade e construir o futuro.

•

Fé, amor e alegria são tudo de que você precisa na vida.

•

A verdade que você busca fora você carrega dentro.

•

A fé é a superconexão do terreno com o extraordinário.

•

Tenha cuidado para não odiar, para não se afogar em seu próprio ódio.

•

Quando você acredita em si mesmo, o universo e todas as coisas que existem nele acreditarão em você, e é aí que seus sonhos se materializam.

•

A vida lhe devolve em jogo duplo tudo o que você deseja aos outros.

•

Aos poucos, gota a gota, realidades vão se construindo.

Corações nobres e sinceros são enegrecidos e prejudicados pelas circunstâncias da vida.

•

Torne-se o maior crente em seus sonhos e lute apaixonadamente pelo que você deseja, porque somente a fé inabalável em seus sonhos te tornará realidade.

•

Você pode ir além de onde veio, se você acreditar.

•

É quando o caminho está escuro que mesmo a menor luz se torna o farol mais brilhante.

•

A cada passo você se afasta do início e se aproxima do objetivo.

•

Aprendi há muito tempo que existe uma diferença entre querer e poder: o querer é um elo mais forte que o poder.

•

Não pergunte o que você já sabe.

•

Se há algo dentro de si que lhe diz que é ruim, então realmente é.

•

Cada pessoa é o que merece ser.

•

Para cada minuto de organização, você ganha pelo menos uma hora de eficiência e eficácia.

•

O que renasce pode ser ainda mais perfeito que o anterior.

•

A chama da esperança mantém você no caminho da perseverança.

•

Pretenda ser uma pessoa de feitos, em vez de palavras.

•

Cada pessoa é o que pensa que é.

•

O fracasso é o estado embrionário do sucesso.

•

Todos os caminhos da vida levam a destinos; tudo o que você fizer hoje te levará a algum lugar.

•

Cada vez que você pensa e age, você constrói.

•

As cicatrizes da vida são carregadas na alma.

•

Eu cheguei muito longe, considerando de onde eu venho.

•

Se conhecêssemos o futuro, talvez cometeríamos menos erros, mas seríamos imaturos e incapazes de aprender com eles.

•

Palavras rudes são a manifestação das palavras que o silêncio mantém prisioneiras na alma.

•

Não fale sobre o que você tem se você não está disposto a compartilhar.

•

Experiências são mais sábias do que conselhos.

•

Todos os caminhos
da vida levam a
algum lugar.

•

O presente são os ecos
do passado, e os
ecos do presente são
as realidades do futuro.

•

Quem não sabe é
como quem não vê.

•

A vida te cobra tudo
o que você deve.

•

Para quem quer
acreditar, transforme
tudo em crença.

•

Uma verdade que
cala é uma mentira
que se constrói.

•

Ninguém pode ter sucesso
sem primeiro aprender.

•

Dependendo da conveniência,
meio copo pode estar meio cheio
ou meio vazio; e uma porta,
meio fechada ou meio aberta.

•

A vida na selva dos humanos
é idêntica à vida na selva dos
animais, mantendo a mesma
dinâmica de sobrevivência.

•

Talvez você não tenha tudo,
mas não pode dizer que não
tem nada; e talvez o que
você tem seja mais importante
do que aquilo que deseja.

•

O EXTRAORDINÁRIO É PRECEDIDO POR COISAS COMUNS.

•

O direito de passagem para viver é reivindicado pela vida com o jugo do sacrifício.

•

Na fraqueza do bem, o mal se fortalece.

•

Quem não entende que a vida é uma luta constante é aquele que perde constantemente a batalha da vida e da sobrevivência.

•

A perfeição anda em passo lento, enquanto o imperfeito vai rápido.

•

Quem quer pode ser melhor que quem pode, e quem pode nem sempre alcança mais que quem quer.

•

Não há guerreiro sem luta, sucesso sem fracasso, ou fracasso sem aprendizagem.

•

De pedra em pedra, de tijolo em tijolo, constroem-se fortalezas.

•

Se você quer ser sábio ou inteligente, deve primeiro começar a agir como um.

•

Você pode não ter tudo o que deseja na vida, mas tem tudo que os outros gostariam de ter.

•

Não se engane nem sinta pena de si próprio; mesmo que o seu sofrimento tenha sido grande, você não é a pessoa mais sofrida neste mundo.

•

Não adianta ter quando
o que você tem não é
usado ou aproveitado;
isso é como não ter.

•

A única referência útil
que devemos ter com
o passado é tudo o que
aprendemos com ele.

•

Ninguém pode fingir
construir um futuro sob
a sombra do passado.

•

Que as lágrimas de tristeza
germinem a semente que
produz a felicidade.

•

Você só pode conhecer o coração de uma cultura se souber seu idioma.

•

Aprenda a lutar, vencer
e perder e você se
tornará um guerreiro.

•

As únicas batalhas que
terminam em vitória fora de
nós são aquelas que foram
vencidas dentro de você.

•

O que você é hoje é
apenas um reflexo do que
você pode se tornar.

•

A maior derrota só pode ser
o começo da maior vitória.

•

Vença por dentro e você
vai vencer por fora.

•

O medíocre se torna assim na
prática da mediocridade, da
mesma maneira que o sábio
e prudente se torna assim
na prática de tais virtudes.

•

Permita que os outros errem pelo menos uma vez no que fazem, dizem ou agem; você provavelmente, em alguma outra coisa, errou pelo menos duas vezes no que os outros foram inocentes.

•

Aquele que erra e retifica está no caminho da perfeição, mas aquele que permanece continuamente no erro está no caminho do fracasso.

•

O mundo pertence a quem sabe.

•

Você talvez não obtenha as respostas corretas porque não faz as perguntas certas.

•

Se as circunstâncias deixaram sua vida em pedaços, aproveite a oportunidade e, com o mesmo entulho, faça uma obra de arte em sua própria vida, de modo que fique mais bonita do que antes.

•

Muitas coisas se realizam na vida, mais do que com esforço, com força de vontade.

•

TUDO O QUE SEMEIA NOS OUTROS VOCÊ COLHERÁ EM SI MESMO.

•

Possuir o mundo começa com o conhecimento.

•

Se a vida desse a oportunidade de mudar o passado e os erros que cometemos, também tiraria de nós a oportunidade de aprender e crescer com as experiências anteriores.

•

A vida ensina que muitas das crenças e valores que você defendeu com perseverança, amor e zelo não têm valor no final do caminho.

•

Ninguém que se prostrou no chão, começou a chorar e lamentar jamais conquistou nada na vida.

•

Agir por mal ou por ignorância traz os mesmos resultados.

•

O mundo não é conquistado carregando a covardia como um estandarte.

•

Fraqueza e covardia levam ao mesmo destino.

•

Três princípios existenciais: saber de onde você vem, onde está e para onde está indo.

•

O fruto comum é semeado e colhido por pessoas comuns.

•

O sofrimento emocional é percepção, depende mais de quem o sofre.

•

O fracasso é a aprendizagem obrigatória que leva ao sucesso.

•

Não é quem eu sou que me impressiona, e sim quem posso me tornar.

•

Ninguém constrói seu destino com o olhar voltado para o passado.

•

Quem olha para trás fica cego para ver o futuro.

•

O impossível se torna possível quando você o encara.

•

Nenhuma verdade é para todos.

•

A mediocridade é o mal que te acomoda e rouba seus sonhos.

•

Aquele que engana os outros acaba enganando a si mesmo.

•

O perdão, além de representar coragem, é uma atitude de maturidade.

•

É melhor o pouco e contínuo do que o muito e descontínuo.

•

Nada acontece, nada muda, sem que aconteça antes por dentro.

•

O mundo das coisas é transformado conforme o mundo interno é modificado.

•

Não tente resgatar o que certamente já está perdido.

•

Nada se transforma sem
o poder das ações.

•

Quem não conhece a paixão
não conhece nada do amor.

•

Às vezes precisamos de outros
para nos ajudar a ver o que não
podemos ver com nossos olhos.

•

Não recuse nem resista a
mudar o que não tem remédio;
aceitar é o melhor remédio.

•

Viver no passado é viver
no depósito de lixo.

•

VOCÊ NÃO CONQUISTA OS OCEANOS DESDE A COSTA.

•

A maior derrota pode
ser apenas o começo
da maior vitória.

•

Às vezes, a dor,
o sofrimento e
a frustração são
apenas o anúncio de
um novo futuro.

•

O guerreiro eficaz é
aquele que supera seus
próprios medos, para
depois derrotar os
inimigos do mundo.

•

Procurar as respostas
no passado é como
procurar os rastros de
um barco no mar.

•

Dar sentido à sua
própria experiência
de vida individual é
a maior experiência
de sua existência.

•

Quando você aprende com as experiências ruins, é então que elas se tornam as melhores.

•

Eu sou meu destino.

•

Se você não sente, não diga.

•

Na abundância de conversa encontra-se engano e falsidade.

•

Você sempre encontrará alguém que é mais ou menos capaz do que você.

•

O observador inteligente aprende tanto com os sábios quanto com os ignorantes.

•

Ações são a magia da vida terrena, que criam e tornam possíveis as realidades no mundo das coisas.

•

O que você faz fica aqui, o que você é irá com você.

•

O homem cria seu destino navegando em um mar de circunstâncias.

•

A autoridade não é
dona da razão.

•

Aquele que adoça os ouvidos
envenena o coração.

•

As vozes sublimes da
sabedoria e do conhecimento
fazem barulho aos
ouvidos dos ignorantes.

•

Quando você descobre
o que é, percebe que é
invencível e entende que o
mundo é seu, se desejar.

•

Pense, sinta e aja, tudo
intensamente, e o que você
deseja se revelará diante de si.

•

O ignorante pensa na sua
razão, o sábio explora
outras possibilidades.

•

Aprenda a gostar de si mesmo
e nunca se sentirá só.

•

As alegrias e prazeres
corporais são fugazes e
materiais, típicos do corpo
animal, e a felicidade é
um estado permanente de
satisfação da alma, como
produto da sua própria
evolução de consciência.

•

A única coisa de valor que
existe no passado são as
lições que abundam em
todas as situações vividas.

•

O certo não é filho do errado.

•

A única coisa que permanece
igual é a própria mudança.

•

Criamos a realidade a cada momento sem percebê-la; todo pensamento, sentimento e ação criam coisas e situações em um mar de infinitas possibilidades dentro do mundo material.

•

Os cinco poderes: o poder do agora, o poder da disciplina, o poder da vontade, o poder do autoconhecimento e o poder do inconsciente.

•

Certo e errado não são estáticos, dependem da situação e das circunstâncias, bem como da interpretação.

•

Perdemos nossas vidas quando flutuamos continuamente entre o passado e o futuro, esquecendo o momento precioso do presente.

•

Você não atrai o que quer, você atrai o que é. Então concentre-se em enriquecer o que você é.

•

Rotina é segurança, mas atraso; mudança é incerteza, mas progresso.

•

Dinheiro, posição social, aparência física, grau profissional são os principais responsáveis pelo falso ego: acreditar que nosso verdadeiro valor está em possuir algumas ou todas essas características, afoga o verdadeiro eu; a alma desprovida de todas aqueles elementos mostra seu verdadeiro eu.

•

Aquilo que te frustra ou incomoda te mantém prisioneiro.

•

O que está fora não pode ser visto totalmente de dentro, e o que está dentro não pode ser adequadamente julgado pelo que está fora. A conjunção de ambos os aspectos mostra a realidade.

•

Transformar erros em aprendizado é uma das máximas da sabedoria.

•

O aparente e o óbvio podem esconder outras realidades.

•

O que você tem dentro de si se refletirá em tudo que você fizer.

•

O que sabemos é apenas uma gota em um oceano de incerteza.

•

Uma atitude positiva gera pelo menos um retorno positivo de 90%.

•

Pequenas atitudes podem causar grandes consequências.

•

Talvez não haja nada que a força de vontade e a determinação não possam alcançar.

•

A riqueza material é uma ilusão.

•

Com atitude você conquista o mundo ou o inferno.

•

Somos uma gota de conhecimento em um oceano desconhecido.

•

Eu sou este momento, este momento sou eu.

•

O ser humano que se afoga no dinheiro afoga também suas virtudes.

•

O ser humano é a energia consciente e inteligente do universo.

•

O sucesso não consiste apenas no resultado final, mas no esforço de alcançá-lo.

•

O aprendizado deixado pelo ignorante é tão valioso quanto o conselho de um homem sábio.

•

O pequeno pode ser infinito, pois é feito de partes ainda menores.

•

PARA O IGNORANTE, AS PALAVRAS DE SABEDORIA SÃO UM BARULHO INCÔMODO AOS OUVIDOS.

•

Uma pessoa com bens materiais pode sofrer de ilusão existencial, acreditando-se importante pelos bens materiais ou pela fama e sendo uma escória ou mendigo por dentro.

•

Se pudéssemos ver a essência, a alma das pessoas, em vez do corpo físico, veríamos anjos e monstros reais todos os dias.

•

Quando as coisas estão naturalmente no meio ambiente, não temos conhecimento de sua existência (a gravidade sempre existiu, porém sua existência foi descoberta por Newton no século XVII).

•

Todos os dias a vida nos ensina; se aprendêssemos com ela, antes do fim de nossa existência seríamos sábios.

•

O amigo confia no amigo, o malvado não confia no malvado.

•

A riqueza pode se tornar um desafio maior do que a pobreza.

•

Somos feitos de acertos e erros, ignorância e sabedoria ao mesmo tempo.

•

O tempo destrói os amores que se baseiam exclusivamente em atrações físicas e mantém aqueles que se baseiam em sentimentos.

•

O que você odeia é o que você teme; é isso que te assombra.

•

A desvalorização dos outros é o reflexo da desvalorização de si mesmo.

•

Nossa consciência é composta de áreas escuras e inconsistências, acertos e erros com a realidade, um oceano de conhecimento e experiências, acúmulo do que somos, que, por sua vez, formam padrões de comportamento.

•

Quem eu sou: o produto do que penso, sinto e faço. Se sou o produto de tudo isso, tenho a chave em meus pensamentos, sentimentos e ações para me transformar cada vez mais.

•

Atrás da imagem radiante, de palavras doces e gestos gentis, muitas vezes se encontra o mais sujo.

•

As coisas que desejamos estão em sintonia com o nível de consciência e essência da nossa alma.

•

Tudo que eu quero e desejo ser já tenho e sou – tudo é agora.

•

Os desafios dos ricos são maiores do que os dos pobres. Os ricos, tendo tudo, devem procurar dar sentido à sua vida; os pobres, o pouco que recebem os torna felizes.

•

Um indivíduo que tem a capacidade para fazer o mal tem o mesmo potencial para fazer o bem.

•

Todos nós que habitamos este planeta devemos ter o direito de desfrutá-lo, respeitando o espaço natural de cada um, sejam homens ou animais.

•

Cada lugar do planeta reflete a maneira de pensar, sentir e agir de seus habitantes.

•

Procuramos micróbios no espaço, o que é bom, mas, paradoxalmente, negligenciamos a riqueza da maravilhosa fauna animal e vegetal de nosso próprio mundo.

•

Há um mundo dentro de você que a maioria não conhece.

•

Investir nas crianças é nossa maior garantia para um mundo melhor.

•

Quem rouba dos outros rouba de si mesmo.

•

Não confunda as alegrias dos prazeres que o dinheiro dá com a felicidade que oferece um estado de satisfação permanente, que os bens materiais não dão.

•

Paradoxo humano: quem rouba exige honestidade dos outros, quem mente exige do outro o que é verdadeiro, e assim por diante.

•

Ao contrário do que pensa, quando você perdoa outra pessoa, você se perdoa.

•

No mundo da física os opostos se atraem; no mundo dos seres humanos são os iguais que se atraem.

•

A vida sempre cobra pelas dívidas que você gerou; às vezes a cobrança é imediata, às vezes ao longo do tempo e às vezes ao final, e esta última cobrança é a mais dolorosa, pois você passa a vida inteira acreditando que não deve nada.

•

Não importa se você fala pouco ou muito, você sempre tem algo útil para dizer ao mundo.

•

Pode ser muito pouco, mas o pouco se multiplica pela frequência: um pouco bom todos os dias fica gigantesco com o tempo. O mesmo princípio se aplica ao mal.

•

Se você não está feliz com o que ganha da vida, observe o que você planta nela.

•

Se entendêssemos que o egoísmo é a raiz dos males da humanidade, mudaríamos o mundo em poucas gerações.

•

Um elo importante no crescimento pessoal é parar de focar os outros, e focar a si mesmo.

•

O pior comunicador: aquele que fala muito e não deixa os outros falarem.

•

Se você quer conhecer o interior das pessoas, apenas observe quando elas estão bêbadas.

•

É bom aprender, mas também é uma pena que paramos de aprender.

•

Uma mensagem simples pode se tornar uma ótima mensagem quando você se conecta com as pessoas.

•

Nossa interpretação da realidade não é a realidade; não tome como certo o que deriva de sua percepção.

•

PROVAVELMENTE VOCÊ TEM TUDO DE QUE PRECISA PARA SER FELIZ, MAS PODE NÃO TER PERCEBIDO.

•

Aprender é tão importante quanto desaprender.

•

O acordo com um bêbado é como assinar em cima da água.

•

Se você disser bêbado e confirmar sóbrio, é verdade.

•

A cada momento construo minha realidade.

•

O amigo do bar não é o amigo do coração.

•

Faça dos bons hábitos um estilo de vida e você não terá de lutar contra si mesmo.

•

As pessoas se concentram no sacrifício de Jesus e se esquecem totalmente de colocar seus ensinamentos em prática.

•

Você pode conquistar muitas coisas no mundo material, mas a conquista de si mesmo é a maior de todas.

•

Os caminhos que levam aos objetivos são variados; a chave é permanecer neles.

•

Uma família em que os pais amam seus filhos, os filhos seus pais, e os irmãos seus irmãos é uma família perfeita.

•

Aquilo que é seu e que pertence a você pode vir de fontes, formas e circunstâncias que você nunca imaginou.

•

Se você decidir esquecer alguém, remova-o completamente de sua vida. O esquecimento deve vir acompanhado do perdão; caso contrário, a culpa reavivará constantemente essa realidade.

•

De todos os momentos que vivemos, o mais importante deles é o que você vive agora.

•

Mente, emoções e ações são os blocos de construção da minha realidade no dia a dia.

•

Pelo menos uma vez na vida, você deve redefinir sua mente, emoções, ações e esquecimento de rancores, experiências passadas e pessoas tóxicas.

•

Não se esqueça de cuidar do seu corpo físico, pois ele é o veículo material que torna possível a comunicação e a transmissão das emoções e pensamentos que estão dentro de você. Sem ele você simplesmente não existe mais.

•

As pessoas são imersas em culturas, crenças e costumes diferentes, mas no final somos muito parecidos, com os mesmos ideais e sonhos.

•

É válido dizer que o respeito dos outros é paz, mas nestes tempos é igualmente válido dizer que o respeito pela loucura dos outros é paz.

•

Dominar os próprios instintos tem maior mérito do que dominar uma fera.

•

A maioria das mulheres busca a conexão emocional e sentimental; o sexo só surge como consequência da primeira, não como principal motivador.

•

Minhas imperfeições me aperfeiçoam toda vez que aprendo com elas.

•

CADA SER HUMANO ESCONDE DENTRO DE SI, NO FUNDO DA SUA CONSCIÊNCIA, O PROPÓSITO DA SUA EXISTÊNCIA.

•

Hoje acordei com tanta força interior que, com toda a certeza, conquistarei o mundo.

•

O propósito da existência humana é apenas uma questão de evolução mental, emocional e espiritual; a felicidade é apenas uma consequência disso.

•

Uma grande sabedoria se esconde dentro de você; só a paz e a tranquilidade da mente permitem revelar o que está escondido.

•

Antes de nascer eu já era um vencedor. Venci milhões de competidores com as mesmas oportunidades que eu, mas fui o mais rápido, o mais inteligente, venci muitos obstáculos; sou eu e estou aqui, porque venci milhões.

•

Se você quer chegar longe, é melhor ir aos poucos todos os dias do que correr uma maratona uma vez na vida.

•

O que é bom também é prejudicial quando em excesso.

•

A prosperidade vai além do material, tem a ver com os mais diversos aspectos que cercam a vida de uma pessoa.

•

Às vezes, o que parece um fim pode ser apenas o começo de um novo amanhecer.

•

Homens e mulheres são atraídos pelos seus opostos: a feminilidade das mulheres e a masculinidade dos homens são fontes de atração mútua para ambos os sexos.

•

Um belo rosto e um belo corpo atraem, mas uma mente que emana pensamentos inteligentes e coerentes seduz.

•

Só os caminhos da imperfeição conduzem ao destino do perfeito.

•

A verdadeira atração está nos opostos e complementos, os pontos de coincidência e afinidade.

•

Mesmo se você tivesse todas as melhores qualidades das pessoas que conheceu em sua vida, você ainda seria imperfeito.

•

Não queira voltar no tempo, não adianta nada. Pelo contrário, aproveite o seu momento agora, no futuro você desejará o momento que tem hoje.

•

Quem quer acreditar transforma tudo em crença.

•

A maneira de crescer potencialmente é ultrapassar seus limites um pouco a cada dia.

•

Se você tem disciplina e perseverança, está à frente de 90% da humanidade; você é uma raça separada, está em um grupo seleto de pessoas.

•

Não importa onde você esteja, nunca perca a essência de quem você é.

•

O silêncio diz muitas coisas.

•

Eu me transformei e evoluí tanto que, quando me olho no passado, identifico outra pessoa.

•

Saber interpretar o silêncio é tão importante quanto saber interpretar as palavras.

•

Quando você não conhece a realidade, pode julgar terrivelmente o errado com tal certeza, acreditando que você está certo.

•

O sucesso na vida não se deve apenas ao resultado obtido, mas também ao aprendizado.

•

Os seres humanos de todos os cantos do planeta são muito semelhantes; nossos ideais, experiências e desejos são comuns, estamos apenas cobertos por crenças, raças, linguagens e invólucros sociais, mas em essência compartilhamos os mesmos ideais.

•

A maioria das vítimas são vítimas de si mesmas.

•

O QUE SE RECUSA A APRENDER POR MEIO DE CONSELHO E SABEDORIA VOCÊ APRENDERÁ COM A DOR, A FRUSTRAÇÃO E O SOFRIMENTO. A APRENDIZAGEM É OBRIGATÓRIA PARA TODOS, MAS O MOMENTO DE APRENDER É OPCIONAL.

Se você quer conhecer as profundezas de sua mente, basta observar a vida que você criou no mundo material das coisas e as relações que você cultiva com os outros.

•

Uma pequena ação pode causar uma enxurrada de ações, tanto positivas quanto negativas.

•

Observe suas condições de vida e direi quais são seus pensamentos e sentimentos.

•

A grande maioria não percebe nem pensa, mas a realidade que sentimos, na qual nos movemos dia a dia, é apenas uma pequena manifestação de forças imensas e propósitos desconhecidos que movem e governam o mundo de dentro.

•

Quem escuta três vezes mais do que diz está no caminho da sabedoria.

•

Aquilo a que você resiste, resiste a você; aquilo que você deseja, deseja você.

•

As consequências futuras do mal que praticam hoje serão o remédio que curará suas almas.

•

Quando você entende a importância do agora, do momento presente, você compreende a futilidade do passado e que o futuro é uma ilusão.

•

Não há amanhã sem presente, nem colheita sem primeiro plantar; os fios do futuro se erguem a partir do momento presente.

•

Um mecanismo para criar realidade é ativado com a mente e as emoções.

•

Há um poder incomparável nas palavras, elas provocam ações, emoções e sentimentos nos outros; cuide bem do que fala.

•

O mundo te vê e te trata da maneira como você se vê e se trata.

•

Facilidades excessivas na vida empobrecem a alma.

•

Quem quer é melhor do que quem pode; quem quer buscará os meios para ser; quem pode nem tentará, mesmo que tenha todas as facilidades para isso.

•

Acredite, tudo o que você busca fora é encontrado dentro de si, bem no fundo de sua consciência.

•

Talvez haja muitas coisas dentro de si que você já conquistou, que já venceu, e das quais não está ciente.

•

Temos grandes habilidades para captar as emoções, sentimentos e comportamentos das pessoas com quem vivemos, mas não podemos ver essas mesmas características em nós mesmos.

•

Não há mente que possa sequer imaginar de perto a vastidão do Universo.

•

A ignorância tem limites; o conhecimento e a sabedoria são infinitos.

•

A verdadeira sabedoria começa quando você percebe que, depois de saber muito, não sabe nada ante a imensidão do conhecimento.

•

Sua realidade é formada de acordo com o que você pensa sobre aquilo que prende sua atenção.

•

Quando decidir embarcar no caminho da sabedoria, não se esqueça de que os maiores ensinamentos se encontram no percurso, não no destino final.

•

O conhecimento perde seu efeito e significado quando falta prática.

•

O que ignoramos é muito maior do que o que sabemos.

•

Nós sabemos muito sobre os outros e pouco sobre nós mesmos.

•

As piores decisões são aquelas tomadas por raiva, frustração e ressentimento.

•

A verdade não se encontra em uma religião ou crença; cada uma delas tem noções da verdade.

•

Às vezes, leva apenas um momento, um pequeno instante, para mudar completamente o rumo da vida.

•

NINGUÉM PODE AMAR VERDADEIRAMENTE O SEU PRÓXIMO SEM PRIMEIRO RESPEITAR OS ANIMAIS E A NATUREZA.

•

Acredite, o pouco que o faz feliz é melhor do que a abundância que você não valoriza.

•

Você não pode encontrar sabedoria e iluminação sem primeiro ter conhecido a escuridão e a ignorância.

•

O castigo do ignorante já está dentro dele, nas próprias qualidades intrínsecas de sua ignorância.

•

A motivação vem por si mesma quando você tem um interesse real.

•

Use a mente e todos os seus recursos em seu próprio benefício.

•

Ignoramos por relutância.
Já houve grandes sábios
que nos legaram seus
conhecimentos durante
séculos e, apesar disso,
continuamos a ser ignorantes.

•

Paradoxo existencial: para
conhecer e compreender o
mundo ao seu redor, você deve
começar com o conhecimento
de si mesmo; conforme você
vai se conhecendo, saberá
como funciona a ordem
das coisas no mundo real.

•

*Sou ator
e escritor
do meu destino
ao mesmo tempo.*

•

Quando você se sente sozinho
ou sem saída: há um grande
aliado dentro de si, grandes
recursos, capacidades,
estratégias, inteligências e
habilidades estão disponíveis
dentro de si, no fundo de
sua consciência, esperando
para serem ativados pela
motivação e atitude.

•

Quanto mais mergulho no
meu mundo interior, mais
descubro o ser maravilhoso
que sou, mais percebo a
centelha divina que vive em
mim, aquela chama perfeita
que ilumina a minha alma,
mais entendo que, quando me
conquisto, conquisto o mundo
das coisas e circunstâncias.

•

Não há melhor maneira
de amar a Deus do que
amar o próximo.

•

Amar os outros é superior a
tudo, é o ápice da evolução
humana e existencial;
não há costume, rito,
crença, religião ou credo
político que ultrapasse
essa máxima da vida.

•

Em uma mente pequena, não há espaço para ideias maiores.

•

As consequências da ignorância podem ser as mesmas do mal, podem causar confusão, morte e destruição.

•

Ideia e realidade, minha mente as confunde.

•

Todo ser humano, em algum momento de sua vida, deve aceitar tudo o que aconteceu em seu destino, seja bom ou ruim, para ter paz de espírito. Quando aceitar o seu passado, estará pronto para dar um passo adiante em sua evolução existencial.

•

Sabedoria e ignorância nunca terão pontos de convergência.

•

Quando você faz o que gosta para o seu bem pessoal e o dos outros, você encontra o objetivo existencial da sua vida; fora disso tudo é banal.

•

Pode silenciar a voz nos lábios, mas aquela que tens dentro de ti está sempre a dizer e a falar contigo; se souberes ouvir, te mostrará coisas ocultas que não conheces.

•

Quando você aceita TODAS as experiências de sua vida e se reconcilia com o passado, está pronto para dar um passo à frente em sua evolução existencial.

•

QUANTO MAIS APRENDO, MAIS HORRORIZADO FICO AO DESCOBRIR A EXTENSÃO DA MINHA IGNORÂNCIA.

•

Compreenda: seu mundo, o mundo pessoal e individual em que você vive no dia a dia, é um reflexo das construções subjacentes do que está alojado em seu subconsciente.

•

Existem ensinamentos na vida que só são aprendidos no final da existência.

•

Se você quiser se conhecer, comece olhando para dentro de si a partir da quietude da mente e então encontrará o seu universo interior.

•

Você nunca encontrará melhor amigo, melhor conselheiro e melhor companhia do que você próprio, enquanto estiver em paz consigo mesmo; caso contrário, você será seu pior inimigo.

•

A pior morte não são as condições em que o corpo material é destruído, são as condições da alma, do espírito no momento da morte: rancores, frustrações, ganância e materialismo, sonhos desfeitos, anseios, família destruída, infidelidades, egocentrismo... Só nos momentos antes da morte você percebe essa realidade; nesse momento você se sente incapaz de modificar o destino da sua vida. Essa é a pior morte.

•

Quando você ama e faz algo com paixão, mesmo as coisas simples e cotidianas tornam-se mágicas e então você encontra propósitos ocultos dentro delas.

•

Às vezes, o que acreditamos ser verdade, com o tempo e as circunstâncias, percebemos que é falso.

•

É uma falha existencial vivermos apenas em função de satisfazer nossas necessidades essenciais, pois a vida e a existência são muito mais do que isso. Se você não experimenta o amor e a felicidade, sua vida é vazia e sem propósito.

•

Insensato é aquele que, sabendo que seu sofrimento é produto de suas próprias consequências, persiste nele.

•

O primeiro passo para iniciar o caminho da sabedoria é aceitar nossa ignorância individual e reconhecer a ignorância coletiva.

•

Sábio não é aquele que possui mais conhecimento, mas aquele que tem a experiência prática do conhecimento e faz da reflexão um modo de vida.

•

Todos os eventos, todas as coisas da vida têm significado e correlação quando observamos o ser interior.

•

Quem não gosta da própria companhia é inimigo de si mesmo.

•

Toda a verdade, todas as respostas e tudo que você deseja estão aprisionados dentro de si.

•

O sentimento de solidão é a desconexão de você mesmo com a sua essência interior. Quando se conhece e se aceita, quando entra em contato com o seu ser interior, você nunca mais experimenta a solidão e encontra em si um amigo fiel e verdadeiro.

•

Os jovens acham que a velhice virá depois de muito tempo, acham que os anos passarão como eternidades, mas num piscar de olhos se encontram na realidade que viam como distante.

•

A sabedoria pode vir do conhecimento, mas a maturidade vem somente da experiência.

•

Na simplicidade das palavras de algumas pessoas, existem grandes ensinamentos de vida.

•

O mal que você faz aos outros é pior do que o mal que você faz a si mesmo.

•

Existem pessoas com talentos ao contrário: transformam aspectos simples, cotidianos e fáceis de resolver em algo complexo, complicado e confuso.

•

Você pode ocupar toda a sua vida plantando o bem que no mundo, em você e nos outros. Quando chegar a hora da colheita, você será rico em gratidão, felicidade e amor, riquezas que poucos conseguem alcançar na vida.

•

Seu mundo, o mundo pessoal e individual em que você vive, é um reflexo das construções subjacentes do que está alojado em seu subconsciente.

•

A intuição pode ser mais exata do que a percepção e o conhecimento; é um guia infalível e perfeito quando sabemos como interpretá-la.

•

Se você se sentir satisfeito com o ser humano que se tornou, não perca tempo querendo mudar o passado. Se pudesse mudá-lo, perderia a essência de quem você é hoje.

•

A verdade também pode ser veneno para quem não está preparado para aceitá-la.

•

Insista, resista e persista.

•

Em nosso mundo existem realidades ocultas cujo conhecimento pode ser perturbador; a verdade revelada detonaria todas as nossas crenças morais e religiosas, nossos esquemas mentais, conhecimentos e paradigmas, todos eles seriam destruídos e, dependendo de nossa aceitação ou negação, pode ser libertador e perturbador, mas no final a verdade sempre carregará a bandeira da libertação.

•

Existe uma magia oculta e um maravilhoso mecanismo de renovação e transformação na dor e no sofrimento da alma humana que não podem ser obtidos de outra maneira. Existem ensinamentos na vida que só são aprendidos no final da existência.

•

Quando você enfrenta um desafio, a verdade é que você enfrenta dois, o desafio real e objetivo e o desafio de sua própria mente; o último é o desafio mais importante, pois as barreiras naturais de sua própria mente são mais difíceis de quebrar.

•

Nenhuma religião possui a verdade, pois dentro de cada uma delas há sementes de verdadeiro. Sábio é quem reconhece e sabe escolher as melhores sementes e faz germinar em suas consciências.

•

Com tudo aquilo que já vi e vivenciei
na minha própria existência
e na vida dos outros, eu não
acredito mais em impossíveis.

•

O ignorante se deleita nos
prazeres da bebida, acreditando
que a essência da vida está aí.

•

O dinheiro esconde falsamente falhas, falta de jeito e ignorância, grosseria e até mesmo a maldade das pessoas.

•

Ao se aproximarem o masculino
e o feminino, surge a magia: é
como misturar água e fogo, sol
e lua, luz e escuridão ao mesmo
tempo. Emerge uma dança
perfeita e incompreensível
que escapa à compreensão
da razão e dos sentidos.

•

Praticar os princípios
da vida de amor
ao próximo é
mais importante
do que todas as
crenças religiosas
e ensinamentos de
todos os tempos.

•

Desconfie da religião
que diz que dentro dela
está toda a verdade.

•

Todos esperamos
encontrar a felicidade
um dia, assim como
encontramos uma
moeda pelo caminho
e não percebemos
que a felicidade já
existe dentro de nós,
nos labirintos da
consciência e da alma,
mas ela está aprisionada
por nós mesmos. Nada
do que está aprisionado
na alma se manifesta
no mundo material.

•

Todos aqueles homens que alcançaram o auge do bem-estar material, que alcançaram o topo da pirâmide da riqueza, em pouco tempo perceberam que não há nada lá, que tudo está vazio, silencioso e solitário, perceberam que partiram e sacrificaram o que havia de mais importante na vida em busca de riquezas materiais, deixaram família, amigos, momentos importantes e sua saúde.

•

É você quem dá sentido e propósito à vida, e não a própria existência que dá sentido à sua vida.

•

Quando você se recusa a atender à sua intuição, quase sempre há consequências negativas; a voz interior é sábia e sabe de tudo, mas fala tão baixinho que é necessário aquietar a mente para ouvi-la.

•

O QUE DIVERTE O SÁBIO É DIFERENTE DO QUE DIVERTE O IGNORANTE. CADA UM REFLETE O CONTEÚDO DE SUA CONSCIÊNCIA MESMO QUANDO SE TRATA DE RIR.

•

Se você é rico e tem um amigo que concorda com tudo que você diz e faz, então, ele é amigo do seu dinheiro. Mas se você tem um amigo que não concorda em algum momento com o que você diz ou faz, esse provavelmente é um verdadeiro amigo.

•

Talvez você conheça em detalhes a vida de seus pais, irmãos, vizinhos, colegas de trabalho ou amigos, mas não conheça a si mesmo, sua verdadeira essência, o ser humano que está escondido nos labirintos de sua consciência e no qual raramente pensa. Ao descobri-lo, você descobrirá a si mesmo e descobrirá que existe.

•

Para nós, homens: a mulher é céu ou inferno, anjo ou demônio, salvação ou perdição, amor ou ódio, companhia ou solidão. Não há ser ou algo no mundo que cause tantas ambiguidades no homem e não há nada ainda conhecido que complementa tanto o ser masculino quanto a companhia do ser feminino.

•

O mal é o maior câncer da humanidade, para o qual existem leis, polícia, exército, medidas de segurança, guerras, desconfiança uns dos outros. A maior parte do sofrimento humano tem sua origem no mal do homem; do mal derivam outros muitos e incalculáveis males que afetam nossas vidas e desenvolvimento.

•

Com o tempo você percebe que não há mentiras perfeitas: você está apenas atrasado no espaço e no tempo, não há mentira que não venha à tona.

•

O mal que você faz vai sempre com você: sua presença torna-se algo inseparável, como uma sombra que estará com você dia e noite.

•

Seja prudente e ouça as pessoas até o final de suas histórias. Muitas confusões seriam evitadas se aprendêssemos a ouvir antes de opinar e julgar.

•

Acredite, muitas descobertas sobre nós, sobre os outros e sobre a própria vida são reveladas antes de morrermos; para alguns o sentimento de culpa e perda é insuportável: os pais descobrem os erros cometidos com os filhos, o rico percebe que as riquezas são efêmeras, o pobre, que teria de ter se esforçado mais e descansado menos, o homem que se deleitava nos vícios descobre que aquilo não era a felicidade. Na hora da morte o homem aprende que, quando tem amor e paz, a felicidade é só consequência.

•

A humanidade está atingindo níveis tecnológicos e científicos inimagináveis, mas não acompanhamos o desenvolvimento moral na mesma velocidade; mesmo em meio a tanta tecnologia, ignoramos as palavras sagradas de amar o próximo, de respeitar as ideias, a vida, os animais e a natureza.

•

Todo ódio e sofrimento na história da humanidade é apenas um mecanismo obrigatório para a transformação da realidade, em que, em uma longa fase, passamos ao inevitável estado evolutivo da prática do amor. Quando aprendemos a nos amar, seremos capazes de nos conectar com inteligência incompreensível ao nosso entendimento, e isso nos dará mais insights e nos mostrará realidades que ultrapassam a nossa imaginação.

•

O ser humano que despertou e desenvolveu sua consciência passa a valorizar sua própria vida; sua própria existência ganha sentido: valoriza a vida e a essência dos outros, se apropria dos valores morais, da limpeza, da ordem, da organização e da disciplina, amarra-os no pescoço e não se desprende deles. Ao observar a natureza, sente-se um com ela, vê os animais como iguais e valoriza seu estilo de vida e preservação.

•

Não tenho a menor dúvida de que nossa civilização é apenas uma entre milhares de centenas de milhões que se expandem no universo com diferentes graus de evolução física, moral e tecnológica. Quando tivermos desenvolvido um mínimo de consciência, elas surgirão, e, a partir daí, toda a nossa história será reescrita, e nossas crenças, nossos hábitos, nossa maneira de nos ver mudarão totalmente.

•

A vida pode apresentar destinos diferentes, e alguns terão de cruzar um caminho de pedras, areia, espinhos, lama, subida, água ou um caminho de escombros. A diferença nunca estará no caminho, pois todos eles carregam os seus próprios desafios e vicissitudes; o necessário para superá--las sempre estará dentro de você em uma diferença comportamental e mental chamada atitude.

•

Procura sempre melhorar as tuas condições materiais de vida é bom, louvável e deves desfrutá-lo, mas não permitas que as riquezas materiais roubem verdadeiros propósitos como a família, a amizade, o amor e as riquezas imateriais da existência que abundam no decorrer da vida – que pode ser efêmera sob a lente de aumento da materialidade, mas de grande significado para a alma.

•

O TEMPO FUGAZ DA VIDA: ONTEM VOCÊ TINHA DEZ ANOS, HOJE VOCÊ PERCEBE QUE TEM CINQUENTA E AMANHÃ TERÁ FACILMENTE NOVENTA. ESTA É A HORA, BATA NA SUA PORTA ENQUANTO VOCÊ AINDA ESTÁ SENTADO.

•

O dinheiro é um monstro insaciável e imparável se você não o controlar; ele pode envenenar seriamente a alma e transformar o seu ser em algo rude, egocêntrico, vil e desumano.

•

O que é mais importante: amar a Deus ou amar o seu próximo? Não há NADA maior do que amar o seu próximo; quando você ama os outros, está inerentemente amando a Deus.

•

Não importa o que você faça, não importa onde você more, não importa a raça que você tenha ou as condições em que você esteja, você sempre tem a capacidade de melhorar a si mesmo e ao ambiente onde mora.

•

Muitas vezes o mal ou o que o faz mal vem em formas e aparências muito sutis que enganam nossas percepções e sentidos, e envolvem nossas emoções e sentimentos em um halo de engano. O mal por fora tem a capacidade de se parecer com um anjo, mas não pode disfarçar o demônio que está dentro.

•

Não existe um ensinamento tão profundo e duradouro que deixe uma marca no psiquismo da criança, que penetre tanto em seu ser, como o exemplo dos pais. O que eles constantemente observam de seus pais terá uma marca indelével em sua alma, portanto procure dez vezes mais dar um exemplo do que dizer mil palavras bonitas.

•

O conhecimento é o manancial que nutre verdadeiramente muitas almas de um propósito na vida.

•

O capital econômico ainda domina o mundo; as riquezas e o poder prevalecem e se encontram no topo da pirâmide.

•

Não procure o que você nunca perdeu, porque você encontrará exatamente a mesma coisa: aquilo que não está procurando; e, quando encontra o que não está procurando, você se apropria do que não lhe pertence.

•

Converter o sofrimento, a dor e a frustração em elementos de aprendizado moral e de transformação pessoal é um dos maiores atos de coragem que um ser humano pode realizar, e uma das grandes conquistas da alma.

•

Uma força invisível, indestrutível e inevitável se levanta lenta e constantemente dia a dia em todos os cantos do planeta para desafiar os donos do mundo; eles serão os novos humanos com uma nova consciência moral e espiritual, eles dominarão o mundo e levarão a humanidade aos limites do progresso tecnológico e da irmandade.

•

A única maneira de nos libertarmos da escravidão que os donos do mundo exercem sobre a humanidade é nos conscientizarmos de nós mesmos, de como funcionam as coisas no mundo material e de nosso grande poder intrínseco de transformar a realidade.

•

A grande maioria das coisas que os humanos fazem todos os dias são simples e cotidianas; você é sábio e inteligente quando adiciona significado a cada uma delas.

•

Ter conhecimento e sabedoria é louvável, saber transmiti-los de modo claro e conciso é três vezes melhor. Conhecimentos comuns e simples podem ter grande impacto social e grupal se forem transmitidos em uma linguagem compreensível e facilmente aplicável à realidade comum das pessoas.

•

Aquele que evita fazer o mal voluntariamente, mesmo sabendo que isso não teria consequências negativas, já tem o bem enraizado em sua alma; por outro lado, aquele que evita fazer o mal por medo da lei ou do castigo, tem o mesmo nível do mal daquele que o faz deliberadamente — o mal nele é apenas reprimido.

•

Se você não tem um propósito para viver, sua vida não tem sentido.

•

Todo mundo acredita que está certo a partir de sua própria lógica, capacidade de raciocínio e conhecimento.

•

Somos constantemente enganados por nós mesmos, por nossas ideias, conhecimentos e percepções errôneas da realidade. Quanto mais você está ciente disso, mais você se livra da ilusão de si mesmo.

•

A própria essência e dinâmica da vida estão constantemente lhe ensinando como as coisas funcionam neste mundo; cabe a você aprendê-las e usá--las para seu próprio desenvolvimento e crescimento pessoal; caso contrário, você passará sua vida neste mundo como um estrangeiro impaciente na estação de trem, sempre esperando um destino melhor para chegar.

•

O ser humano costuma confundir com felicidade os estados transitórios de euforia que alteram os sentidos e estados de consciência ou que satisfazem os desejos do corpo. A felicidade é um estado permanente de satisfação, plenitude e paz da alma.

•

Ainda que a ideia da morte pareça perturbadora, ela é inevitável no nosso destino. Ir embora deste mundo em paz e com a alma aquietada é um privilégio de poucos.

•

A mente barulhenta e desconfortável usa a língua como um animal treinado para atacar o mundo.

•

Se este momento fosse o último minuto de sua vida, muitas coisas mudariam de sua percepção atual: frustrações, sofrimentos, ódio e sentimentos negativos se tornariam fugazes em alguns momentos e talvez um sentimento profundo de apego à vida emergisse para se dedicar a amar e perdoar mais, para desfrutar as coisas verdadeiras da vida. Se você tiver a oportunidade de ler isso, pode não se encontrar no último minuto, portanto, a oportunidade de mudar o destino é agora.

•

MUITOS DOS VENENOS DA ALMA SÃO DOCES, COLORIDOS E MELODIOSOS.

•

As mentiras constantes têm o poder de criar realidades fictícias em pessoas que têm dificuldade em interpretar a realidade.

•

A capacidade de ouvir é um dos maiores dons da comunicação interpessoal, uma inteligência à parte, um estado emocional equilibrado e um reflexo de uma mente pacífica.

•

Aquele que sempre se deliciou com prazeres vãos e transitórios tem o hábito de confundi-los com felicidade, por esta ser um estado da alma totalmente desconhecido para ele, já que não possui um quadro de referência para comparação.

•

A relação entre dinheiro e poder é muito estreita. Quando você tem o dinheiro, anseia pelo poder, e quando você tem o poder primeiro, imediatamente anseia pelo dinheiro.

•

Acredite em minhas palavras: a mente inconsciente pode ser a melhor aliada, a melhor amiga, uma ferramenta poderosa em suas mãos para alcançar a realização na vida, ou pode ser o pior inimigo, seu pior algoz. Nosso destino no mundo material das coisas é marcado fortemente por nossa mente subconsciente.

•

As diferenças e desigualdades entre os países do nosso planeta são tão gigantescas e abismais que valeria mesmo dizer que são civilizações diferentes, pertencentes a outros mundos.

•

As melhores respostas são aquelas que emanam de nós, nascidas de nossas próprias incógnitas.

•

Certamente, nas coisas negativas que você viveu, outras pessoas podem estar envolvidas, mas o que você sente e interpreta em relação ao passado é apenas sua responsabilidade.

•

A melhor maneira de esconder algo é escondê-lo da consciência das pessoas, mesmo que o que está escondido esteja à vista de todos.

•

O pior jogo do ignorante é ignorar sua própria ignorância.

•

Se você pretende conquistar o amor exclusivamente pela sensualidade, obterá os frutos do prazer e da sensualidade que morrem rapidamente no tempo e se afogam facilmente nas circunstâncias, mas dificilmente conquistará o sentimento de amor verdadeiro e profundo que perdura e sobrevive aos anos.

•

Quem entende mas não quer entender é pior do que quem não entende mas quer entender.

•

Criar um sistema de maldade ou corrupção difícil de acreditar que exista é a melhor maneira de escondê-lo das pessoas comuns.

•

Existem seres humanos em nosso mundo que vivem em palácios, se vestem com roupas de seda, têm uma aparência angelical, parecem fazer o bem, mas por dentro eles têm um grau inimaginável de maldade para com outros seres humanos.

•

Você pode viver toda a sua vida com todos os prazeres e satisfazendo todos os gostos que seu corpo exige e a vida lhe oferece, mas no final da vida você poderá descobrir significados e valores mais importantes ocultos até nas coisas simples e cotidianas.

•

Você deve ser humilde como uma criança, mas atencioso como uma cobra.

•

Muitos prazeres do corpo são venenos para a alma.

•

O olhar que você tem para o mundo é o olhar que o mundo tem para você. O mundo e o que você recebe são apenas um espelho de suas ações, sentimentos e pensamentos.

•

Quando você modifica sua maneira de pensar, imediatamente impacta a maneira como se sente. A partir desse momento, modificar o comportamento ocorre quase por inércia.

•

Tudo o que você deseja ser e alcançar não está longe, está dentro de você.

•

O homem mau sabe imaginar e manipular a ingenuidade do bom; o bom não imagina o mal do mau, por isso ele é enganado.

•

Todos nós estamos neste mundo com necessidades específicas de aprendizagem e transformações, mas existe uma que é comum a todos: amar o próximo, que representa o nível mais alto da consciência humana, a maior aspiração de evolução existencial dentro da materialidade do nosso mundo.

•

O passado nos diz muitas coisas sobre nosso futuro e destino.

•

Há um fluxo constante e inevitável entre quem chega e quem sai, e essa é uma das dinâmicas mais fortes da vida, que todos nós vivenciamos e da qual vamos participar em algum momento – às vezes chega de um jeito anunciado, às vezes de um jeito inesperado.

•

Você pode ter muitas incertezas sobre a vida e o destino, mas existem realidades das quais você não pode escapar: a hora do nascimento e da morte é para todos, mas tudo o que você faz entre nascer e morrer depende de você.

•

O CICLO OU ETAPA SE FECHA QUANDO VOCÊ CONSEGUE APRENDER E SUPERAR O DESAFIO.

•

Na vida sempre vem o que você pensa que está longe – é quando a existência te ensina que tempos distantes não existem.

•

Um dia teremos de deixar ir os seres que mais amamos e que erroneamente pensamos que estariam conosco por toda a vida. Aos poucos sua existência vai se extinguindo; alguns vão embora mais cedo, outros sem anunciar sua partida; os mais próximos serão os mais dolorosos, e a partir daí nada será exatamente como antes. Sua ausência será marcante, e nesse momento o destino nos desafiará mais uma vez a redefinir o sentido e o propósito da própria vida, até nossa jornada existencial também ter um fim. Talvez devêssemos estar mais perto um dos outros e amar mais quando eles estão conosco.

•

Você pode tentar fugir do destino, você pode se libertar às vezes e por algum tempo, mas ninguém pode fugir perpetuamente de seus desígnios, que atingem a todos igualmente em algum ponto.

•

Consciências acostumadas à desordem, sujeira, desorganização e caos, ao passar em repentinamente para ambientes opostos, podem em alguns casos vivenciar choques existenciais. Esses recursos adaptativos carentes podem não assimilar as novas realidades e tentar manter seu modo conhecido no novo ambiente ou retornar ao ambiente original, no qual se sentem mais adaptáveis.

•

O bom e o mau muitas vezes dependem da intenção, intensidade e frequência.

•

As coisas têm um significado maior quando são movidas pela força das circunstâncias.

•

Amar, respeitar, conservar a natureza e os animais não são produto do acaso, mas de áreas desenvolvidas na consciência humana.

•

Reflita sobre a sua vida hoje, sobre tudo o que você faz, sente e diz, sua relação consigo mesmo e com os outros, para que depois você não queira voltar ao passado e corrigir más decisões e caminhos tortuosos.

•

O desafio existencial da riqueza é muitas vezes maior do que o da pobreza: quem possui bens materiais se deixa seduzir facilmente por todos os prazeres e facilidades que a vida lhe oferece; pode se perder, se afogar em suas virtudes, perdendo a oportunidade de aprender e desenvolver aspectos pessoais e profissionais que deem sentido à sua vida, não percebendo que o que dá ao corpo pode envenenar a alma. Por outro lado, quem carece de meios pode encontrar grande sentido e propósito nos frutos do esforço que você faz no dia a dia. É por isso que frequentemente encontramos pessoas simples com vidas prósperas e felizes.

•

O desejo e a vontade nascem nos corações dos homens, a missão, nas profundezas e nos propósitos da alma.

•

Há muito tempo não acredito mais no impossível; agora sei que os sonhos e as realizações germinam primeiro na alma.

•

Não fazer o mal é bom, mas não basta. Quando evita o mal e faz o bem, você transcende.

•

A felicidade é o santo graal da existência humana: todos parecemos buscá-la, a buscamos nas coisas mais sublimes e complexas da vida e, mesmo assim, ela foge de nós. Talvez devêssemos procurá-la nas coisas mais simples e cotidianas, mas de grande significado. Se assim for, estaria muito mais perto do que pensamos e ao alcance de todos.

•

Coisas pequenas e simples que deixam de ser feitas podem gerar consequências negativas ou catastróficas com o tempo.

•

Inspirações
para a alma

VIVE

Hoje vou viver como se fosse o primeiro dia da minha vida, serei feliz, embora não haja razão para ser, vou ultrapassar os limites do amor e da alegria, vou voar alto, muito alto, e ver o mundo aos meus pés, vou ver o céu tão perto que vou tocá-lo com minhas mãos, vou sentir tanto amor e alegria que meu coração vai se espalhar pelo mundo do alto, esta noite vou viver a vida com tanta intensidade como se fosse a última da minha existência, porque a partir de hoje viverei minha vida inteira como hoje.

O HOMEM DO PÂNTANO

Havia um homem em um pântano, que comia sapos, lagartos, insetos e folhas comestíveis. Sua aparência era desagradável: fedorento, sujo, sua pele estava rachada pela lama fétida e a sujeira havia se tornado uma segunda pele. Ele vivia há anos preso no pântano, longe da sociedade; quase tinha esquecido a gesticulação das palavras e as substituiu por sons que tinha ouvido da floresta. Seu comportamento social estava próximo da extinção, ele era cada vez mais animal do que humano. No entanto, ele se lembrava de sua condição humana anterior: a lama, o esquecimento e o isolamento não haviam apagado as memórias das pessoas que ele amava e que o amavam.

Em várias ocasiões, impulsionado por aquelas lembranças e pelo desejo de viver, ele havia tentado escapar, mas falhou na tentativa: só conseguiu avançar alguns metros do refúgio que o havia protegido por anos, mas ao mesmo tempo manteve ele prisioneiro. Tinha medo de ser engolido pela lama e morrer; o medo do desconhecido o apavorava, o fantasma da incerteza cercava sua existência, seus dias eram cinzentos e suas noites escureciam e apagavam a luz de sua alma, seu olhar era sempre em direção ao horizonte distante.

Até que em uma noite fria, sob o abrigo de uma árvore, talvez por um desejo inconsciente de escapar de sua realidade, ele sonhou que estava nadando pelo pântano. Na manhã seguinte, determinado a viver ou morrer, ele se jogou sem pensar em atravessar o pântano. Enquanto caminhava, seus pés afundavam na lama, a lama envolvia completamente seu corpo, seus pés estavam presos na lama, seu progresso era lento, e as dores nas pernas e nos braços eram intensas, até que não aguentou mais e começou a afundar. A lama fedorenta penetrava no nariz e na garganta, e o pântano finalmente reclamou o seu corpo. Naquele momento o maior e mais intenso medo apoderou-se dele; sabia que morreria inevitavelmente engolido pelo pântano. Pensava em voltar, mas tinha avançado tanto que voltar era impossível; aos poucos foi sendo engolido pela lama. Naquele momento muitas imagens de sua vida passaram por sua mente: a memória das pessoas que amava, de sua filha e a imagem de sua amada esposa; até que no último momento, um súbito e milagroso sopro de vida e esperança brotou de sua alma, ele tirou forças de onde elas não estavam e continuou movendo suas pernas e mãos tentando seguir em frente, até que finalmente uma de suas mãos tocou o solo firme e conseguiu chegar ao fim do pântano. Ergueu o rosto misturado com lama e lágrimas, alcançou o horizonte que ele viu tão longe por tantos anos e, pela primeira vez em muito tempo, seu coração transbordou de alegria. Ele havia derrotado e conquistado o maior medo de sua vida: o medo do desconhecido.

ROUPAS NOVAS PARA A ALMA

Ousarei aceitar o desafio de ser feliz em um mundo onde o sofrimento abunda. Tirarei as velhas roupas do passado, manchadas de ódio e rasgadas pelo sofrimento; vou cobrir minha alma com novas roupas de amor e esperança.

Vou levantar minha testa, vou pegar minhas mãos, vou respirar fundo, vou fixar meus olhos na frente, vou me levantar do chão e caminhar em direção ao horizonte, minha coragem vai correr em minhas veias, meus passos serão tão profundos que deixarão uma marca na estrada, serão tão firmes que soarão como passos de gigante.

Vou enfrentar as tempestades, a chuva, o calor intenso, o cansaço e a decepção, não vou escutar as vozes estranhas na estrada, vou armar minha mente com uma armadura impenetrável, vou levar o escudo da fé; eu empunharei a espada da perseverança com a qual vencerei as circunstâncias, espantarei os fantasmas que assombram minha alma, lançarei todos os meus medos profundamente no pântano.

Renascerei como uma nova criatura e aprenderei a não temer as circunstâncias; ousarei deixar roupas velhas e sujas no pântano.

OUSE

Ouse suportar a dor e a angústia, apegue-se às suas convicções e crenças, amarre-as ao pescoço e grave-as no seu coração e caminhe com elas todos os dias da sua vida.

Ouse superar o medo do desconhecido, percorra os caminhos que você nunca percorreu, vá aos lugares onde nunca esteve, supere os medos que sempre o dominaram.

Ouse libertar-se das correntes do passado que mantêm a sua alma prisioneira, que a prendem à agonia perpétua, à solidão e às trevas profundas do esquecimento.

Ouse assumir o comando do seu próprio destino, não deixe ao acaso o veleiro que guia a sua vida; levante a testa e vá atrás da luz que está além do horizonte, onde nasce o sol, onde o céu se confunde com o mar e a terra, onde os desejos germinam em realidade.

TALVEZ ALGUM DIA

Talvez um dia a tristeza se transforme em alegria, o choro em riso e a solidão em companhia.

Talvez um dia a dor deixe de existir e se transforme em felicidade, e o pesadelo em sonho.

Talvez um dia a miséria da vida ressurja com esperança.

Talvez um dia a dor do coração transborde e o amor brote.

Talvez um dia as estrelas possam ser vistas em dias nublados.

Talvez um dia o sol brilhe na alma e as trevas se dissipem.

Talvez um dia a felicidade chegue.

O SENTIDO DA VIDA

Se você sentir que a vida não tem sentido, que a dor da alma oprime sua existência, que o mundo inteiro e seus problemas estão aprisionados em sua mente, vá para casa, deite sua cabeça e espere o dia seguinte em silêncio. O descanso dissipará a angústia, a luz da manhã e o novo dia vão clarear sua mente e renovar suas forças para seguir em frente. Não desista, porque talvez nesse dia você triunfará sobre todas as adversidades da vida.

UM DIA COMO HOJE

Hoje vou acordar e deixar os problemas e preocupações no travesseiro. Vou deixar de lado a melancolia, a dor e a tristeza, vou deixar ir ao banheiro o passado e tudo que me dói, vou jogar fora o fardo de cinzas que carrego nos ombros.

Vou ver a beleza do nascer do sol, vou sentir o calor da luz do sol em meu corpo, vou deixá-la penetrar em meu corpo e dissipar as trevas de minha alma. Vou pedir que minha mente e meus pensamentos sejam claros para ver a vida com clareza; neste dia vou parar de alimentar a angústia e deixar a preocupação morrer.

Vou sentir o ar puro da manhã, vou ver a beleza das flores e das árvores, poderei ver a bondade nos outros, desfrutarei cada momento do fruto das minhas mãos.

Serei grato pela vida, por existir, por ter mais um dia de existência, me sentirei privilegiado com o maravilhoso dom da vida e me amarei tanto que poderei compartilhá-lo abundantemente com os outros.

GRATIDÃO

Obrigado pela existência, por todas as características que me identificam como uma pessoa única e irrepetível num vasto e infinito Universo, por pertencer à história das coisas, porque não escolhi fazer parte deste mundo, mas sei que é um privilégio, que considero a melhor decisão e o melhor presente. Pertencer a este mundo me permite saber e testar do que minha alma é feita.

DESTINO

Nada permanece igual no destino dos homens; num momento você é criança, em outro, adolescente e daí você vai rapidamente para a idade adulta e a velhice. A vida é cheia de ciclos, etapas, momentos. Se você não consegue superar os desafios de cada etapa, de cada ciclo, carrega os atrasos com você para os próximos e isso ocorre tão sucessivamente que, no final da vida, você se encontra com uma enorme quantidade de frustrações, sonhos desfeitos, desafios perdidos e com um sentido profundo de ter perdido a oportunidade da vida.

OS CICLOS DA VIDA

Quando criança, você é uma fábrica de fantasia; na adolescência, você pensa constantemente no que você quer ser no futuro; na juventude, você quer realizar seus sonhos e desejos; na idade adulta, você pensa em aproveitar o presente e os frutos do esforço; e na velhice, você pensa constantemente no passado e em preservar a vida tanto quanto possível.

SOLTA E DEIXA IR

Deixe de lado tudo o que lhe faz mal e atrapalha, tudo que incomoda a sua mente e que o prende a sentimentos, memórias, situações, coisas ou pessoas. Se depois de algum tempo, ao observar a sua vida, descobrir que está no mesmo lugar, sem nenhum tipo de evolução, é porque a sua vida está ligada a uma dessas coisas; a alma que está livre de tudo isso tem naturalmente chance de evoluir.

OS TRÊS DESAFIOS EXISTENCIAIS

1. A luta com seu interior (eu).
2. Relacionamentos com outras pessoas.
3. A dinâmica e as circunstâncias da vida.

OS DEZ AMIGOS DO SEU DESTINO

1. Mente e emoções.
2. Disciplina.
3. Persistência.
4. O agora.
5. Relações sociais (empatia e persuasão).
6. Meditação.
7. Renovação total da própria vida pelo menos uma vez na existência.
8. Fechar ciclos ou etapas.
9. Resiliência.
10. Busca constante de sabedoria e crescimento pessoal.

Esta obra foi composta em Kepler Std, Adobe Handwriting, Flood Std, Typeka, e impressa em papel Pólen bold 90 g/m² pela gráfica Loyola.